잘 풀리는 사람은 어떻게 일하는가

잘 풀리는 사람은

어떻게

일

하는가

나가마쓰 시게히사 지음

신희원 옮김

일본 거부巨富 스승이 알려준
일과 인생에 대한 해답

시그니스

한국어판 출간을 앞두고

"있잖아, 형(혹은 오빠, 언니, 누나) 왜 일하는 거야?"

당신이 만일 지금 초등학생이나 중학생에게 이런 질문을 받으면 어떻게 답하겠습니까? 이전에는 저도 질문에 바로 답하지 못했습니다. 아마 이 책을 집어 든 당신도 곧장 답하기 어렵겠지요. 그래도 괜찮습니다. 이 책을 다 읽었을 때쯤에는 '왜 일하는지'에 대한 답을 찾았을 테니까요.

안녕하세요. 나가마쓰 시게히사입니다.

우선 이 책을 선택해 주셔서 진심으로 감사드립니다. 저는 지금 매우 행복합니다. 예전의 저처럼, 이 책 속 스승님의 가르침을 통해 일하는 의미를 발견하는 사람이 분명 늘어날 테니까요.

이 책을 통해 당신의 인생을 바꿔줄 강의를 해준 스승님은 일본 최고의 납세왕이자 비즈니스서 분야에서 최고의 베스트셀러 작가인 사이토 히토리齋藤一人라는 분입니다. 스승님은 직접 사업 일선에서 일한 인물로, 그 가르침은 몸소 경험한 것이기에 당신이 지금 당장이라도 현실에서 활용할 수 있는 내용으로 가득합니다. 그리고 스승님은 특별히 무엇을 하라고 하거나, 무리하게 대단한 사람이 되라고 하지도 않습니다. 오히려 일할 때 너무나 당연해서 평소 우리가 놓치는 맹점을 다정하고도 따뜻하게 일깨워줍니다.

이 책 속에서 배우는 사람은 19년 전, 서른 살의 저입니다. 저는 현재 자기계발서 저자로 제 책을 쓰는 한편 신인 작가를 발굴하고, 책의 내용을 바탕으로 하는 비즈니스 강연을 중심으로 일본 전국을 바쁘게 돌고 있습니다. 이런 저도 원래는 미래 따위 보이지 않는 작은 '다코야키 가게' 사장에 지나지 않았습니다. 일하는 의미가 뭔지도 몰랐고, 미래는커녕 당장 내일도 어찌 될지 몰라 초조하기만 했습니다. 이런 저를 스승님이 출판의 길로 인도해 주신 덕분에 지금까지

35권이나 되는 책을 세상에 내놓게 되었습니다. 특히 열아홉 번째 저서 《말버릇을 바꾸니 운이 트이기 시작했다(人は話し方が9割)》는 3년 연속 일본 최고 판매 부수를 기록했습니다. 그 덕택에 다음 세대 베스트셀러 작가를 길러내는 출판 학원도 열 수 있었습니다.

당시의 저로서는 감히 꿈도 꾸지 못했던 지금의 인생을 살게 된 것은 모두 이 책에 등장하는 인생의 스승, 사이토 히토리 스승님의 가르침 덕분입니다. 스승님의 가르침은 바다를 건너 다른 나라, 다른 문화에서도 적용이 가능한 본질적인 메시지이자 누구나 이해하기 쉬운 단순한 가르침입니다.

일에 대해 고민하는 사람이 적지 않습니다. 한국도 일본도 마찬가지일 테지요. 특히 21세기로 접어들며 IT나 AI 인프라가 보급되면서 세상이 크게 바뀌었습니다. 20세기까지는 당연했던 것들이 더는 당연하지 않게 되었고, 우리는 한 치 앞도 보이지 않는 폭풍우를 헤치고 '일'을 해야만 합니다. '일'의 의미를 알지 못하고, 일할 때 자신의 '축'을 갖지 못하면 폭풍우에 휩쓸려 나부끼는 인생을 살게 됩니다.

그렇게 되지 않도록, 당신의 두 발로 땅을 단단히 딛고 당신만의 인생을 창조해 나갈 방법을 이 책에 담았습니다.

"자네는 왜 일하는가?"

이 책은 스승님과 제가 나눈 대화 형식으로 이야기가 펼쳐집니다. 읽다 보면 제 곁에서 같이 강의를 듣고 있는 듯한 느낌이 들 겁니다. 읽다가 문득 고개를 들면 당신 눈앞에 미래를 향한 길이 활짝 열려 있을 것이라고 약속합니다.

준비는 되셨나요?

그러면 바다를 건너, 함께 배우러 떠나봅시다.

2024년 가을

나가마쓰 시게히사

◎ 하고 싶은 일이 뭔지 모르겠다.

◎ 꿈이 있는 사람이 부럽기만 하다.

◎ 하루하루 충실하게 일하는 느낌이 들지 않는다.

◎ 다른 회사로 이직할지 고민된다.

◎ 언젠가는 창업해서 성공하고 싶다.

◎ 경영을 하고 있지만 앞으로의 방향성을 모르겠다.

◎ 남들이 대단하다고 인정해 주는 일을 하나라도 하고 싶다.

◎ 또 만나고 싶은 매력적인 사람이 되고 싶다.

◎ 좋아하는 일을 하며 살아가고 싶다.

◎ 일하는 의미를 발견하고 싶다.

이렇게 생각하는 사람들에게 이 책을 바칩니다.

'하고 싶은 일이 뭔지 몰라' 괜히 초조하지 않은가?

'당신은 꿈이 있습니까?'

만일 지금 누가 이렇게 묻는다면 당신은 어떻게 대답하겠는가. 이 책은 이 질문에 대해 명확한 답을 내놓을 수 없는 사람, 혹은 질문 자체에 거부감이 드는 사람을 위해 쓰였다.

'또렷한 꿈을 가지고 구체적인 계획을 세워 하나하나 해결해 나가면 반드시 실현된다' 세상에는 마치 이것만이 단 하나의 정답처럼 자리 잡아서 이 방법 말고는 성공할 수 없다고 단정 짓는 사람이 많다. 그러나 분명히 말해두고 싶다. 방법은 이것 하나가 아니다. 설령 지금 또렷한 꿈이나 하고 싶은 일이 없다고 하더라도 당신이 지금 상상하는 미래를 훨씬 뛰어넘는 현실을 손에 넣을 방법은 분명히 존재한다. 하지만 실제로 이 방법을 알려주는 사람은 많지 않다. 나는 내 경험을 통해 방법을 알려주려고 한다. 자신의 가능성을 부정하지 않고 당신이 꿈꾸는 미래를 쉽고 즐겁게 실현하는 방법을 알려주기 위해 이 책을 썼다. 좀 더 간단히 표현하면, 세상에 떠도는 '꿈 신화'에서 당신을 해방하는 것. 이 책을 쓴 목적은 단지 이것뿐이다.

요즘 꿈이 없는 사람이 많다. 하고 싶은 일만 찾으면 그 방법을 알려줄 책이나 인터넷 정보는 산더미처럼 쌓였다. 옛날처럼 신분 차별로 하고 싶은 일을 포기해야 하거나 '다들 이렇게 사는 거지' 하고 단념하는 구시대적 가치관도 크게 무너졌다. 그러나 꿈을 '어떻게 실현할지'에 앞서 '나는 무엇을 하고 싶은가?'라는 물음에 많은 사람이 답을 찾지 못한 채 표류하듯 살아간다. 이런 상태에서 '꿈을 가져라' 하는 일종의 강박관념에 시달리며 무리하게 보람을 찾으려고 하거나 타인에게 비웃음 사지 않으려고 보여주기식 꿈을 지어내어 적당히 때우고 넘어가거나 한다.

이 책을 읽음으로써 그런 무의미한 시간에 이제 그만 마침표를 찍길 바란다. '하고 싶은 일이 뭔지 모르겠다. 또렷한 꿈이 없다.' 그래도 전혀 상관없다. 당신의 인생은 장밋빛 가능성으로 가득하다. 절대 허무맹랑한 얘기가 아니다. 진심으로 그렇게 확신한다. 그리고 자신 있게 말한다.

꿈이 없어도 잘된다.
오히려 지금 시점에서 어중간한 꿈 따위는 없는 편이
잘될 가능성을 더욱 높인다.

솔직히 처음에 스승님에게서 이 가르침을 받았을 때, 반신반의했다. '그딴 걸로 잘될 리가 없지. 역시 확실한 꿈이 있어야만 해….' 하고 생각했다. 그러나 스승님이 일깨워 준, 인생을 살아가는 법을 지금 돌이켜보니 그저 감사할 따름이다.

이 이론에 자신감이 생긴 것은 나만 잘 풀려서가 아니다. 음식점 운영, 집필, 강연에 이 방법을 적용했더니 내 주변 사람도 점점 잘 풀렸기 때문이다. 그리고 그 방법을 다른 회사나 하고 싶은 일이 없는 사람에게 알려주었더니 그들의 인생도 점점 나아졌다. 그래서 당신에게도 꼭 알려주고 싶어서 책을 쓰기로 했다. 이 책을 읽음으로써 당신이 얻을 이점을 생각나는 대로 몇 가지 들어보려고 한다.

- 자신이 왜 일하는지 그 의미가 명확해진다.

- 일상의 업무가 지금보다 몇 배는 즐거워진다.

- 지금까지 당신이 해온 일에 자신감과 확신이 생긴다.

- '하고 싶은 일을 찾아야 하는데….' 하는 불안감에서 해방된다.

- 주변 의견에 휩쓸리지 않고 자신의 페이스대로 업무를 해나갈 수 있다.

- 저 너머에서 기회가 다가오게 된다.

- 노력하지 않아도 매력적인 사람이 된다.

- '또 만나고 싶은' 사람이 된다.

- 진짜 하고 싶은 일이 무엇인지 알아차릴 수 있다.

- 무리라고 여겼던 일이 사실은 실현 가능하다는 사실을 알게 된다.

- 일본 최고 장사꾼이 가진, 일을 대하는 사고방식을 몸에 익힌다.

물론 이것 말고도 많지만, 정리하자면 이렇다. 다만 위의 이점을 손에 넣기 위해서는 조건이 있다. <u>당신이 지금 무엇을 위해 일하는지 그 의미를 명확히 해야 한다.</u> 처음에는 이 물음에 명확하게 답하지 못해도 괜찮다. 당신이 나라고 생각하고 읽다 보면 나의 곁에서 스승님의 강의를 함께 들은 효과를 볼 수 있다. 읽어나가다 보면 당신 마음속에 스승님이 했던 말이 스며들어, '왜 일하는지'가 명확해질 거라고 약속한다.

　또 하나 덧붙이고 싶다. '나에게는 또렷한 꿈이 있고, 그 꿈을 향해 달려 나가고 있다' 이렇게 대답한 사람도 이 책을 읽었으면 좋겠다. 왜냐하면 그 꿈으로 향하는 여정을 지탱해 줄 큰 힌트가 이 책에 있어서다.

　처음부터 이렇게 자신감에 차서 말할 수 있는 이유는 무엇일까? 꿈이 있든, 지금 꿈이 뭔지 찾지 못했든 그보다 더 중요한 내용을 이 책에서 다루었기 때문이다.

　2005년 서른 살, 한 치 앞도 보이지 않던 시절에 나는 어떤 사업가를 만나 많은 것을 배웠다. 맨 처음 강의 주제는 '인간관계'로, 약 18년이 지난 지금 생각해 봐도 내 인생을 송두리째 바꾼 하루였다. 그 가르침의 충격은 이전 책《만약 내일

죽는다면, 당신은 누구와 하루를 보낼 건가요?(君は誰と生きる
か)》에도 썼으므로 자세한 내용은 생략하겠다.

이번 책에 쓸 내용은 그때의 충격과 마찬가지로, 아니 어쩌면 그때보다 더 큰 충격이었는지도 모른다.

무대는 지금부터 17년 전, 인간관계 강의를 받은 지 반년이 지난 2006년의 봄이다.

그날 강의 주제는 '일한다는 것'이었다.

차례

1장

꿈이 없어도 잘된다_____。

2장

일하는 의미를 찾는 방법_____。

3장

길이 열리는 일문일답 모임_____。

4장

일이 잘 풀리는 사람의 법칙_____。

마지막 장

당신은 왜 일하는가_____。

하고 싶은 일이 뭔지 모르겠다고? 그게 뭐 어때서

자네는 누구와 살 텐가? 처음 스승님에게 이 질문을 받고 난 후, 나의 인간관계와 일상은 180도 바뀌었다. 가까운 사람을 소중히 여기게 됐다. 이 가르침을 가슴에 새기고 매일매일 지키려고 노력하자 내 주변 사람 그리고 일이 놀랄 정도로 잘 풀리게 되었다. 그 가르침은 분명 내 인생의 큰 전환점이었음이 틀림없다.

2005년, 지금으로부터 18년 전에 만난 인생의 스승님에게 받은 가르침 덕분에 인간으로서 남자로서 그리고 무엇보다 일을 하는 한 사람으로서 나는 새로운 인생길을 걷기 시작했다. 스승님에게 더할 나위 없는 인생의 가르침을 받는 가운데, 인간관계에 이은 또 하나의 큰 주제가 생겨났다. 그건 바로 '일을 대하는 사고방식'이었다. '자네는 누구와 살 텐가'라는 주제의 강의가 끝나고 반년 후, 지금으로부터 17년 전인 2006년 3월 강의에서 또 다른 전환점이 되는 질문을 받았다. 지금부터 그때의 일을 여러분에게 이야기하려고 한다.

○

"자, 그러면 인간관계도 꽤 괜찮아진 모양이고, 이제 슬슬 본격적으로 일 이야기로 넘어가 볼까?"

"네, 부탁드립니다."

"미리 말해두겠지만 이 주제는 이야기하는 데 시간이 걸린다네. 자네가 얼마나 잘 따라오는지 보면서 속도를 맞춰야 하니까 말일세. 그래도 괜찮겠나?"

"물론입니다. 시간이 얼마나 걸리든 따라가겠습니다."

"나의 업무론을 실제로 익히는 건 쉬운 일이 아니야."

"끈기 하나만큼은 자신 있습니다."

이때만 해도 천하 태평한 태도로, 이 말의 의미와 무게를 훗날 뼈저리게 느끼게 되리라고는 요만큼도 생각하지 못했다. 겨우 배울 수 있게 된 일본 최고 장사꾼의 진짜 업무론. 이제 시작이다. 나는 자세를 가다듬고 강의에 임했다. 그러나 의욕과는 달리 맨 처음 질문에서 이미 내 마음이 꺾여버릴 것만 같았다. 별 뜻 없이 던진 스승님의 질문이 나에게는 가장 답하기 어려운 질문이었기 때문이다.

"자네는 이제 어떻게 되고 싶은가? 뚜렷한 꿈이라든지, 하고 싶은 일이 있냐는 말일세."

내가 가장 두려워하는 질문, 꿈에 관한 질문을 받고야 말았다. 하고 싶은 일에 대해 답해야 하는 순간이 와버렸다. 아, 어떻게 대답해야 하지? 지금까지의 경험상 스승님께는 적당히 둘러대봤자 통하지 않을 것을 잘 알고 있다. 어쩔 수 없지, 또 혼나는 수밖에. 나는 혼날 각오를 하고 말했다.

"저, 스승님. 화내실 것 같은데 말씀드려도 되나요?"

"응? 뭐길래 그러나? 화내지 않을 테니 말해 보게."

"그게, 저, 꿈이라고 해야 하나, 앞으로 하고 싶은 게 뭔지 잘 모르겠습니다."

얼마간의 침묵이 흘렀다. 아마 잠깐이었겠지만 나에게는 그 침묵이 마치 영원과도 같았다.

"그렇군…."

그렇게 말씀하신 후, 스승님은 웃었다. 그리고 지금까지 들어보지 못한 큰 목소리로 말했다.

"그렇군! 그것참 잘됐군!"

"네…?"

"지금 하고 싶은 일이 뭔지 모르겠단 거지? 그러면 지금부터 뭐든 될 수 있다는 말 아닌가! 축하하네!"

그전에도 스승님은 여러 번 나의 가치관을 뒤엎은 적이 있었지만, 이 반응과 말이 나에게 가장 충격이었다. 머리 주변에 물음표가 떠다니는 나에게 스승님은 이렇게 말했다.

"그렇군. 모르겠다는 거지. 좋아, 좋네. 그렇다면 많은 걸 알려줄 수 있으니까 말일세. 기대되는군. 하하하."

"그, 그런가요? 다행이네요. 하하하."

왜 내 눈앞의 거상은 이렇게 기뻐하는 걸까? 그 의미를 전혀 이해할 수 없었지만, 스승님의 웃음에 맞춰 나도 웃었다.

"사실은 말일세, 꿈이 없어도 쉽게 성공할 수 있다네. 아니, 없는 편이 오히려 더 크게 성장한다고 해도 과언이 아니지."

"감사합니다. 조금 마음이 놓였어요."

"자, 그럼 시작해 볼까. 꿈을 못 찾았다는 사실을 알았으니까. 그러면 이번 강의의 핵심이 될 질문을 하나 더 던지지."

스승님의 강의는 항상 단순한 질문에서 시작된다. 이번에는 어떤 질문일까? 약간의 불안과 큰 기대감에 휩싸인 나에게 스승님은 이렇게 물었다.

"자네는 왜 일하는가?"

"하고 싶은 일이 뭔지 모르겠다고?
잘된 게 아닌가.
그렇다면 이제부터
뭐든 할 수 있으니까 말일세."

1장 **꿈이 없어도 잘된다**

당신의 꿈은 무엇입니까?

2001년 3월에 창업해서 딱 5년째. 내가 세 평짜리 다코야키 행상으로 시작한 사업은 '다이닝 히나타야'라는 150석 규모의 큰 식당이 되었고, 직원 수도 그만큼 늘었다. 그 덕에 가게는 매일 손님으로 만석이었으니 언뜻 보기에는 순조로웠다. 그러나 바쁘게 돌아가는 하루하루와는 달리 내 마음은 메말라 있었다. 앞으로 무얼 하고 싶은지 모르겠다는 불안, 미래에 대한 뚜렷한 꿈을 찾지 못했다는 사실이 가장 큰 이유였다. 오랜 꿈이었던 다코야키 가게 사장이 된 건 좋았지만, 앞으로 어떻게 해야 할지 전혀 생각하지 않았기에 더는 꿈이 없었다.

나는 어떻게 되고 싶은가?

내가 하고 싶은 게 뭐지?

앞으로 사업을 어떻게 하고 싶은 걸까?

질문의 답을 전혀 찾지 못한 채로 일단 눈앞에 쌓인 일을 해 나가는 상태였다. 솔직히 히나타야도 딱히 하고 싶어서 시작한 가게가 아니었다. 규슈 여기저기를 떠도는 장사에 지쳐서 '고향에서 일하고 싶다', '계속 이렇게 살 수는 없다' 하는 직원들의 원성에 못 이겨, 될 대로 되라는 식으로 시작한 가게였다.

당시 일본에서 유행처럼 번지던 '요식업 프랜차이즈 사업'이라는 목표에도 마음이 동하지 않았다. 막다른 곳에 다다랐다는 초조함과 젊음이라는 기세만 가지고 큰 빚을 져서 가게를 시작했다. 하지만 속으로는 '이렇게 힘든 걸 언제까지고 계속할 순 없어' 하고 풀이 죽어 있었다. 동시에 이 무렵 나에게는 '당신의 꿈은 무엇입니까?' 하는 질문은 '당쉰의 쿰은 무어쉽니카?' 하고 이상하게 들렸달까, 아니 마치 외계어처럼 들렸다.

꿈이 없는 게
그렇게 나쁜 일인가요?

그러던 어느 날, 오이타현 나카쓰中津˙시 상공회의소가 주최한 세미나의 전단지가 가게로 날아들었다. 세미나 주제는 '꿈을 가지는 법, 그리는 법'이었다. 여기에 가면 뭔가 꿈을 찾을 수 있을지도 모른다는 한 줄기 기대를 품고 강연을 신청했다.

강연이나 세미나를 들을 때 내 나름의 규칙이 있다. '세 번째 줄보다 더 앞에 앉기' 그리고 또 하나는 '이해가 되든 안되든 강사의 이야기는 웃으며, 끄덕이며, 메모하기'다. 나카

....
• 일본 오이타현에 있는 인구 8만 명 정도의 도시로, 오이타현에서는 오이타시, 벳푸시에
  이은 인구 3위의 도시.

쓰처럼 작은 지방 도시에서 장사하는 사람은 기본적으로 강연에 익숙하지 않아서 앞쪽 자리는 대체로 비어있다. 아니나 다를까 앞자리는 텅텅 비어있어서 나는 제일 앞자리에 앉아 메모하며 이야기를 듣기로 했다. 그러나 그 당시 나에게는 강연 내용이 너무나 가혹했다.

'꿈은 구체적 수치로 나타내서 누구나 떠올릴 수 있도록 분명히 할 것.'
'무슨 일이 있어도 포기해서는 안 된다.'
'하고 싶은 일이 뭔지 모르겠다는 사람은 경영자의 자격이 없다.'

서점에서 사서 읽은 책 속에 몇 번이고 적혀있던 지긋지긋한 내용을 그대로 반복하는 듯한 느낌이었다. '빨리 끝났으면 좋겠다' 그렇게 생각하던 찰나, 강사가 질문을 던졌다. "그래, 제일 앞에 앉아 열심히 듣는 분. 당신의 꿈은 뭔가요?" 세상에, 어떡하지. 뭐 어때, 일단 생각하는 대로 솔직하게 대답해 보자. 그렇게 생각하고 답했다. "제 꿈은 직원들과 매일 웃는 얼굴로 지내는 것입니다." 진심이긴 했다. 미래는 잘 모르겠지만, 그때 진심으로 바라던 것을 대답했을 뿐이었다. 그러자 강사가 이렇게 되받아쳤다. "땡, 실격입니다. 당신 같은 대표가 회사나 직원들의 미래를 길거리로 내모는 겁니다." 강연장에 다른 청강생의 건조한 웃음소리가 울리자, 나는 더욱 도망치고만 싶었다.

결국 그 강사에게 붙잡혀 보충수업 비슷한 것을 받는 신세가 되었다. 그리고 그 보충수업에서 '몇 년 내에 몇 개 점포 내기, 연 매출액 몇억'과 같은 목표를 무리하게 세워서 제출해야 했다. 가짜 목표를 보고 만족스러운 얼굴을 한 강사는 "자, 이걸 가지고 돌아가서 직원들과 공유하세요. 그게 당신이 해야 할 일입니다."라며 쓸데없이 열의에 찬 숙제를 내주었다. 나는 그 목표 비스름한 걸 가지고 가게로 돌아가 곧장 직원에게 보여줬다. 그러자 창업 멤버인 친동생이 '형, 진짜 이거 하고 싶어? 전혀 가슴이 뛰질 않는데' 하고 핀잔을 주었다. 동생의 말을 듣고 나니 불안감이 더욱 커졌고 '나는 대체 뭘 하면 좋을까?' 하는 생각으로 머릿속이 복잡해졌다.

그런 일이 있고 몇 년 후, 스승님에게서 내가 가장 어려워하는 주제의 정중앙에 있는 질문을 받은 것이다. "꿈이나 하고 싶은 일이 뭔지 잘 모르겠습니다." 내쫓길 각오를 하고 솔직하게 대답한 나에게 돌아온 스승님의 말씀, 지금껏 성공한 사람이라 불리는 사람들이 그럴싸하게 늘어놓는 '꿈을 가져라' 하는 말과는 정반대의 말이었다.

"하고 싶은 일이 뭔지 모르겠다고? 잘된 게 아닌가. 그렇다면 이제부터 뭐든 할 수 있으니까 말일세."

스승님의 말씀, 그리고 기쁜 듯한 표정의 의미를 나는 전혀 이해할 수 없었다. 땡땡땡. 수업 시작. 뭐 어찌 되었든 이 말의 의도를 전혀 이해하지 못한 채로 이번 강의가 시작되었다.

일에 필요한 것은 먼 훗날의
꿈이 아니라 지금, 여기, 눈앞

"스승님, 왜 하고 싶은 일이 뭔지 모르겠다는 게 '잘된 일'인 건가요? 보통은 그러면 안 되지 않습니까?" 혼나지 않았다는 사실에 안도하며 나는 스승님께 물었다. 스승님은 평소처럼 이야기를 시작했다.

"우리는 일하는 인간이지?"

"네."

"그러니까, 이 꿈이라는 게 꼭 필요한 건 예를 들어 스포츠 선수같이 승패나 순위가 항상 눈앞에 있는 사람일세. 하지만 우리처럼 평범한 일을 하는 사람은 매일 누군가와 싸우는 게 아니지 않은가. 매일 대회나 시합도 아니고 말일세."

"네, 그럴 일은 잘 없습니다."

"그렇지? 그것보다도 가게를 찾아 주는 손님을 대하거나 사무 업무를 처리해야 한다거나 직원들 급여도 생각해야 하고, 부하와 이야기도 하고 회의도 해야 한다든지 여러 가지 일이 있지."

"네, 매일 그런 일에 쫓깁니다."

"그러니까 중요한 건 먼 미래의 일보다 '지금 눈앞에 있는 과제를 얼마나 해치우는가'라네. 솔직히 말해서 먼 미래의 일만 매일 생각하고 있을 순 없지 않은가."

"그렇게 말씀하시니, 그렇네요."

"물론 먼 미래의 꿈이라든지 비전을 가지는 것도 즐거운 일이야. 하지만 그것보다도 일에서 중요한 건 '지금, 여기, 눈앞'일세. 인간의 뇌는 하나밖에 집중할 수 없게 되어 있기도 하고 말이야. 그렇다는 건 진심으로 일에 임하다 보면 꿈 이야기나 한가롭게 할 여유가 없단 소리지."

"맞습니다! 정말 그렇거든요!"

나는 마치 거인을 내 편으로 만든 연약한 등장인물이라도 된 양 어느새 기세등등해졌다.

"그럼 무리하게 하고 싶은 일을 찾지 않아도 되는 거죠?

아, 마음이 놓였어요."

　조금 전까지만 해도 긴장해 있었던 모습이 무색하리만큼 속내를 털어놓았다.

　"일만 놓고 보면 꿈이나 하고 싶은 일 같은 건 그렇게 심각하게 찾을 필요 없어. 그렇지만 사람이 일을 하는 데 사실은 더 중요한 것이 있다네."

　"중요한 것이요?"

　"많은 사람이 놓치고 있는 부분이기도 하지."

　"그게 뭔가요? 제발 알려주세요!"

　"그걸 지금부터 파헤쳐 보자고."

'5W1H' 중에서
일할 때 제일 중요시해야 하는 것

"일하는 데 꿈보다 중요한 게 있어. 자네는 그게 뭔지 알고 있나?"

"열정인가요?"

"흐음, 완전히 틀린 건 아니지만 조금 다르다네."

"그렇다면, 준비하는 자세?"

"정답에서 조금 멀어졌는걸."

생각해 봤지만, 그럴싸한 답을 찾지 못했다.

"정답은 말일세, '왜'라는 녀석이야."

"왜? 왜라고 하셨습니까?"

"그래, '왜'인지가 가장 중요하다네. 원래 자주 쓰진 않는

데, 영어를 좀 써도 되겠나?"

스승님은 영어를 거의 쓰지 않는다. 이유는 '영어를 못하는 사람은 이해하기 어려우니까', '자신은 일본인이니까'라고 한다. 그렇다고 스승님이 영어를 못하는 것은 아니다. 스승님의 책장을 들여다보면 영어로 된 경제경영서나 철학서가 많다. 영어를 할 수 있어도 굳이 쓰지 않는 것이 상대방과 이야기할 때 지키는 스승님의 원칙 중 하나였다.

"자네는 5W1H가 무엇인지 아는가?"

"네, 그 정도는 압니다."

"자, 그러면 하나씩 살펴보자고."

나는 노트를 펼치고 '자네는 왜 일하는가?'라는 스승님의 첫 질문을 제일 위에 적었다.

"첫 번째 W는 What, 다시 말해 '무엇을 하는가?'이지. 그리고 두 번째가 Where, 이건 '어디로 향할 것인가?' 하는 목표 지점인데 그중 하나에 꿈이 포함되겠지."

"네, 그렇게 말씀하시니 알 것 같아요."

"다음이 When, 이건 '언제까지 할 것인가?'이고 사실 나는 이 '언제'는 정하지 않는 편이 낫다고 생각하지만, 지금 이야기하면 헷갈릴 테니 나중에 이야기하도록 하지."

"네, 그 말씀의 의미도 꼭 알려주십시오."

"알겠네. 그리고 Who가 '누구를 위해 하는가?', '누구와 하는가?'이지. 이것이 자네가 처음 나를 찾아왔을 때 '자네는 누구와 살 텐가?' 하고 물었던 부분이었다네."

표현 하나하나를 외울 정도로 몇 달 동안 '당신 누구 강의(당신은 누구와 하루를 보낼 건가요?)'를 들어왔기에 반갑고도 뿌듯한 마음이 들었다.

"W 중 마지막인 Why, 다시 말해 '왜 하는가?' 그리고 H가 How, '어떻게 할 것인가?'가 되겠지."

슬슬 헷갈리기 시작해서 나는 들으면서 메모했다.

"사실은 말이야, 사람을 움직이는 근원은 바로 '왜'라네."

"'왜'… 그다지 깊이 생각해 본 적이 없습니다."

"그런가. 자네의 방황은 그 때문인지도 모르겠군. 하지만 '왜'가 보이기 시작하면 안개가 걷히듯이 그 고민도 저절로 해결될 걸세. 조금 더 자세히 설명하도록 하지."

모티베이션의 정체

"우수한 선생님이나 경영자, 각 부서의 리더는 말이야, 스스로 의식하든 안 하든 모두 '왜', 즉 이유를 제일 먼저 설명해서 일단은 생각하게 만든다네. 그러니 아랫사람이 명령받는다고 느끼지 않고 자발적으로 움직이게 되지."

"일을 가르칠 때도 '왜'를 중시하면 되는 건가요?"

"그렇다네. 그러면 질문을 하나 하지. '왜'라는 말과 정반대를 이루는 말은 뭔가?"

"대답입니다."

"아깝군. 좀 더 생각해 보게."

'왜'의 반대말? 왜 하는지의 대답에 있는 것? '왜'라는 질문에 대해 나오는 것…? 아!

"의미인가요?"

"바로 그것일세. 잘 알아냈군. 인간이 근원적으로 추구하는 가장 중요한 것, 그건 바로 의미일세. '왜 그것을 하는가?' 인간은 이 질문에 대해 모두 무의식적으로 의미를 추구하고 있어."

"너무 심오한 이야기인데요."

"단순하게 생각하면 그렇지 않은가? 그도 그럴 것이 인간이란 꿈을 잃어도 살아갈 수는 있다네. 하지만 자신의 존재 의의, 다시 말해 살아가는 의미를 잃으면 자기 목숨을 저버리기도 하지. 인간에게 의미란 그 정도로 중요한 것이라네."

"아아, 듣고 보니 그럴지도 모르겠다는 생각이 듭니다. 지금까진 전혀 알아차리지 못했지만요."

"그러니까 일을 하는 데 가장 중요한 것. 바로 '왜'라네. 여기서 모든 것이 시작되지."

왜 일하는가? 왜 이 일을 하고 있는가? 시야를 넓혀, 왜 우리 회사는 존재하는가? 듣고 보니 무의식중에 나는 항상 스스로 이렇게 계속 묻고 있었다.

"중요한 부분이니 반복해서 말하자면, 사람이 움직이기 위한 모티베이션의 정체, 그건 바로 '왜'라는 녀석일세. 그것만 보이면 사람은 꿈이 있든지 없든지 알아서 앞을 향해 나아갈 것이고, 지금 눈앞에 있는 일에 의미가 보이면 바로 의욕이 생겨나지."

"모티베이션의 정체가 '왜'라는 건 정말 생각지도 못했습니다."

"그래? 그럼 생각해 보자고. 앞에서 말한 5W1H 말일세. 그걸 한마디로 바꿔 표현하라면 뭐라고 하겠나?"

"한마디로요?"

"그래. 익숙하지 않을 수도 있으니 내가 쉽게 말해 보겠네."

"네!"

"'무엇을, 왜, 언제(언제까지), 누구와(누구를 위해), 어떻게 해서, 최종적으로는 어디에 이를 것인가?'라는 것. 어려운가?"

"아뇨, 그게 아니라 아직 좀 익숙하지 않아서 그렇습니다."

아하, 한마디라는 건 이런 뜻이었군.

"조금 더 확실하게 설명하지."

우리가 무의식중에
가장 많이 쓰는 말

"예를 들어 자네가 신뢰하는 사람이 어떠한 형태로든 자네를 실망하게 했다고 치세. 혹시 그런 경험 없나?"

"없다고 하면 거짓말이죠."

다행히도 많이 떠오른 건 아니었지만, 지금껏 그런 일이 없었던 건 아니다. 그때의 일을 떠올려 보았다.

"그럴 때, 자네는 그 사람에게 뭐라고 묻겠나?"

"묻는다고 하심은…?"

"보기를 주겠네. 물어볼 것은 이런 것들이지. '무엇을 했는가?', '언제 했는가?', '왜 그런 일을 했는가?', '누구와(누구를 위해서) 했는가?', '어떤 식으로 했는가?', '그렇게 해서 어떻게 되기를 바랐는가?' 자, 이 중에서 어떤 질문을 할지 골라 보게."

"음, 보기 중에서 고른다고 하면 '왜 그런 일을 했는가?' 아닐까요."

"그렇지? '왜?', '무엇을 위해서?', 다시 말해 '왜'라네. 사실 무의식중에 던지는 질문은 이게 제일 많지 않은가?"

분명 부모가 아이를 혼낼 때도 '왜 그런 짓을 했어?' 하고 묻는다. 면접관이 지원자에게 가장 먼저 묻는 것도 '왜 우리 회사를 지원했나?'이다. 부하가 시킨 것과 다르게 일할 때, 상사는 '왜 못 알아들었을까?' 하고 우선은 그 의미를 찾으려고 한다. 어쩌면 연애도 마찬가지다. 가령 누군가에게 고백받았을 때, 제일 먼저 머릿속에 떠오르는 건 '왜 이 사람은 나를 좋아할까?' 하는 의문이다. 남편이 휴대전화를 보면서 아내의 이야기를 듣는다면 아내는 이렇게 물을 것이다. '왜 내 말을 안 듣는 거야?' 아이는 자신이 의문을 품은 일에 대해 '왜?' 하고 주변 사람에게 묻는다. 이렇게 인간은 항상 무의식중에 의미를 찾고 있다. 상대방에게 질문할 때 쓰는 빈도로 보면 '5W1H 중에서 "Why"가 제일 큰 모티베이션이 된다'라는 스승님의 말씀을 다시금 이해할 수 있다.

"돌이켜 보니 저도 평소 무의식중에 '왜'를 제일 많이 씁니다. 저도 의미를 찾으면 자연스레 의욕이 생기니까요."

"바로 그거야. 그리고 말일세, 나는 무엇을 하는가, 누구와 살 것인가, 어떻게 할 것인가 하는 물음은 이 '왜'라는 부분이 분명하지 않으면 금세 뒤엉켜버리지."

"'왜'가 모티베이션의 정체…."

"그래. 자, 이해했다면 다시 돌아가 생각해 보게. 자네는 지금 왜 일하는가?"

왜 일하는가? 이 질문의 답을 찾기까지 상당한 시간이 걸렸다. 어쩌면 지금 이 책을 읽고 있는 당신도 곧바로 대답이 튀어나오지 않을 수도 있다. 그러나 희미하게나마 그 의미가 보이기 시작했을 때, 당신이 일하는 방식은 완전히 달라질 것이다. 지금 또렷한 꿈이 없더라도 의미만 찾으면 사람은 반드시 움직이기 시작하는 법이다.

만일 지금 '왜 일하는가?', '무엇을 위해서 일하는가?' 하는 질문을 받는다면 당신은 무어라 답하겠는가?

"사실은 말이야, 사람을 움직이는

근원은 바로 '왜'라네.

자네의 방황은 그 때문인지도 모르겠군.

하지만 '왜'가 보이기 시작하면

안개가 걷히듯이 그 고민도

저절로 해결될 걸세."

"우선은 지금 하는 일을 좋아하는 걸
목표로 삼아야 한다네.
그다음이 일에 사랑받는 사람이 되는 것.
그러면 비로소 좋아하는 것을
일로 할 수 있게 되지."

2장 일하는 의미를 찾는 방법

우리는 모두 장사꾼이다

"우리는 모두 장사꾼 아닌가?"

"장사꾼이요? 뭐 그렇긴 하지만 그런 말은 별로 쓴 적이 없는 것 같습니다."

"그렇군. 요즘 젊은 사람들 사이에서는 '사업'이니 '비즈니스'니 하는 말이 유행하나 본데, 나는 사업가보다 장사꾼이라는 말을 더 좋아하기도 하고, 스스로 장사꾼이라는 사실에 자부심을 느낀다네. 요즘은 잘 안 쓰는 말이긴 하지만, 장사꾼이라는 말을 써도 되겠나?"

"네, 저도 장사꾼이라는 표현을 입에 붙여보겠습니다."

"그래, 고맙네."

스승님은 그렇게 말하고는 씨익 웃었다.

"자네는 사람이 사회로 나온다는 게 무슨 의미라고 생각하나?"

"으음, 단순하게 생각하면 자립이요. 돈을 벌어서 스스로 생활할 수 있게 되는 게 아닐까 합니다."

내가 생각한 바를 대답했다.

"그렇지, 맞아."

나는 조금 마음이 놓였고, 스승님은 말을 이어갔다.

"그게 말일세, 그렇게 생각하면 사회인이란 결국 장사꾼인 셈이지."

"그런가요? 음, 경영자라면 장사꾼이 맞지만, 샐러리맨이나 주부, 학교 선생님은 장사꾼이라는 표현이 좀 맞지 않는 것 같기도 한데요."

"그렇지? 자기는 장사꾼이 아니라고 생각하는 사람이 많다네. 자네가 말한 대로 샐러리맨이나 주부 같은 사람 중에 특히 많아."

"네, 사람들 대부분이 그렇게 생각하지 않을까요?"

"하지만 다들 돈을 받고 있지 않은가? 이건 하나의 의견이라 생각하고 들어주게나."

"네."

"샐러리맨이라는 장사꾼의 장사 상대는 회사지. 자기 능력이나 노동력 같은 상품을 회사라는 손님에게 팔아서 월급이란 형태로 돈을 벌지. 주부는 남편과 함께 가정이라는 가게를 공동으로 경영한다고 생각할 수 있고. 그렇지 않은가?"

"그렇게 말씀하시니 이해가 갑니다."

"부모의 보살핌에서 벗어나 사회로 나온다는 건 모두 장사꾼이 된다는 거라네. 다시 말해 회사를 경영하거나 가게를 하는 사람 이외의 사람도 포함해서 모든 사회인은 장사꾼이지. 한 사람 한 사람이 자기 자신이라는 가게의 주인이 되는 거야."

'자기 자신이라는 가게' 바꿔 말해 모든 사람은 무언가를 파는 장사꾼이다. 나에게는 무척 새로운 시각이었다.

"다코야키 가게든 술집이든 메밀국숫집이든 뭐든지 말일세. 샐러리맨도 경찰관도 학교 선생님도 전업주부도 그것만 알면 성공하는 법이야."

"그렇군요. 그러면 얼마나 이익이 나오는지 한 사람 한 사람 장사꾼마다 큰 차이가 나겠네요."

"맞아. 사람은 모두 자신의 무언가를 팔아서 살아간다네. 샐러리맨은 자신의 직무 능력을 팔고, 경찰관은 안전을, 선생님은 지식을 팔고 있지. 전업주부는 가정이 주는 평온함을 판다고 할 수 있고."

"'평온함을 판다'라…. 주부도 장사꾼이라니 새롭습니다."

"이렇게 생각하면 이 세상에 장사꾼이 아닌 사람은 단 한 사람도 없다네. 변호사도 의사도 국회의원도 모두 장사꾼이고, 모두 무언가를 팔고 있지. 그게 무슨 말인가 하면 각자에게 '손님이 있다'라는 뜻이지. 눈앞에 사람이 있으니까 팔리는 거야. 없다면 제아무리 대단한 거라도 팔리지 않겠지. 그러니 사람에게 마음을 쓰고 내 앞에 있는 사람을 기쁘게 만드는 것이 성공의 비결이라네. 어렵지 않아. 간단하지."

좋아하는 분야에서
일하는 사람이 적은 진짜 이유

"저… 스승님, 하나 여쭤도 됩니까?"

"물론이지, 도중에 궁금하거나 모르는 게 생기면 바로바로 물어보게나."

"감사합니다. 음, 최근에 '좋아하는 것을 일로 하자'라는 말이 유행인데, 스승님은 이 말에 대해서 어떻게 생각하십니까?"

"좋아하는 것을 직업으로 삼는다는 말인가? 그것참 행복한 일이군."

"그렇게 할 수 있는 사람은 얼마 없을 것 같습니다만….."

"얼마 없는 게 당연하지. 일한다는 행동의 이치에 맞지 않는 말이니까."

"그런가요? 하지만 세상에 좋아하는 걸 일로 할 수 있는 사람도 더러 있습니다…."

"그건 운이 좋아서지. 원래 처음부터 좋아하는 것을 일로 할 수 있는 사람은 거의 없어. 순서가 다르다네."

"순서요?"

"그래. 우선은 지금 하는 일을 좋아하는 걸 목표로 삼아야 한다네. 그다음이 일에 사랑받는 사람이 되는 것. 그러면 비로소 좋아하는 것을 일로 할 수 있게 되지. 느닷없이 자기가 좋아하는 일을 하는 게 아니라네. 일이 좋아지고, 그러고 나서 일이 따르는 사람이 되는 것. 이것이 가장 먼저 해야 할 일이지."

"아직 잘 모르겠습니다."

"그렇겠지. 나는 이상한 소리를 하니까 말이야. 조금 더 자세하게 설명해 보겠네."

"부탁드립니다."

도대체 '일'이란 뭘까?

스승님은 차를 한 모금 마신 후, 나에게 물었다.

"'일하다'라는 말이 어떤 말로 이루어졌다고 생각하나?"

"네? '일하다'라는 말이 어떤 조합으로 만들어진 말입니까?"

"어원이 어떻게 되는지는 모르겠네만, 나는 일한다는 건 '주변 사람을 편하게 해주는 것'이라고 생각한다네. 주변 사람, 그 상품을 쓰는 사람이 편해지는 것, 그게 바로 '일하다'의 의미지."

"'주변 사람이 편해진다' 그렇군요."

"주변 사람을 편하게 만드는 것이 '일하다'의 의미인데, 일본어로 일을 가리키는 한자 '仕事'를 보면 '섬기다'라는 단어의 '사(仕)'라는 글자가 들어가지. 주변 사람에게 봉사하고 편하게 해주는 것이지. 그건 자기 자신이 그 일을 좋아하는지 아닌지보다 부탁받은 일, 다른 사람이 편해지는 일이 진정한 일의 시작임을 뜻한다네."

"네, 이치에 맞는 말씀입니다."

"그러니 일단 중요한 건, 하고 싶은 일보다 필요한 사람이 되려는 노력이라네. 일할 때는 자기 자신보다 상대방을 앞에 두어야만 순조롭게 진행되지. '좋아하는 것을 일로 한다'라는 말은 얼핏 들으면 좋게 들리지만, 사람들이 필요로 하는 바와 자신이 좋아하는 일이 우연히 딱 맞아떨어지지 않는 한 성립되지 않아. 그러니 좋아하는 것을 일로 삼은 사람은 운이 좋다고 말하는 거라네."

"그렇군요."

"한 번 더 정리하지. 일단은 '일을 좋아할 것', 다음이 '일이 따르는 사람이 될 것' 이게 바른 순서일세."

"그렇다면, 일을 좋아하려면 구체적으로 어떻게 해야 할까요?"

"우선은 지금 눈앞에 있는 일을 하나씩 파고들어야 해. 일이란 신기한 것이라서, 그게 어떤 직종이라 하더라도 진지하게 임하면 할수록 재밌어진다는 특성이 있지. 대체로 '일이 좋아지지 않는다' 하는 사람은 그 일을 죽도록 열심히 해 본 적이 없는 사람이 하는 말이야. 일의 매력은 죽도록 열심 히 한 후에야 비로소 알 수 있는 법이지."

단순한 말이지만 이 가르침은 마음에 깊이 남았다. 내 경 험에 비춰보면, 일이 그닥 재밌지 않다고 느낄 때는 전부 다 그 일에 진지하게 임하지 않았을 때였다. 스승님은 덧붙여 말했다.

"일을 죽어라 하고 열심히 하다 보면 반드시 일의 재미가 보이기 시작한다네. 그랬을 때, 자연스레 다른 사람에게서 부탁받는 일이 늘어나게 되지. 이게 일이 사람을 따른다는 것이야. 그때 사람은 처음으로 자신이 좋아하는 일을 해도 잘할 수 있게 돼. 이 순서를 잘 기억해두어야 하네."

"네, 명심하겠습니다."

그때는 이 말의 깊이를 잘 알지 못했지만 여러 경험을 거쳐 17년이 흐른 지금, 일의 본질을 이전보다 잘 이해할 수 있게 되었다. 다시금 이 가르침을 곱씹으며 이 책을 쓰고 있다.

왜 자신을 희생해서는
안 되는가?

"잘 이해했습니다. 저를 희생해서라도 일단은 차근차근히
해보겠습니다."

"잠깐만. 나는 그런 뜻으로 한 말이 아닐세. 그렇게 해서는
절대 안 돼."

일단 눈앞의 일을 해나간다. 그 이야기를 듣고 답한 나를
쳐다보며 스승님은 자못 심각한 표정을 지었다.

"자신을 희생해서까지 일해서는 안 돼. 그렇게 극단적으로
일하면 절대로 계속할 수 없으니까 말일세. 중요한 부분이니
제대로 짚고 넘어가지."

"네, 부탁드립니다."

"이 이야기를 하면 자네 같이 자기 자신을 억눌러서라도 일에 매진하려는 사람이 생긴다네. 자기 행복이 먼저인지 다른 사람의 행복이 먼저인지를 다투는 '양자택일'이라고 생각하니 생기는 일이지. 하지만 그게 전혀 그렇지 않다네."

나는 극단적이고 단순한 성격이라 항상 스승님이 말하는 '어느 쪽이 먼저인가?' 하는 문제에 사로잡히는 버릇이 있다. 잘못 받아들이지 않도록 스승님이 꼬집어 말했다.

"그러니까 말일세, 자기 자신과 다른 사람. 어느 쪽이 먼저냐가 아니라 앞뒷면이라고 생각하면 된다네."

"앞면과 뒷면이라는 말씀인가요?"

"흐음, 그 노트 잠깐 빌려주게나. 한 장 찢어도 되겠나?"

"물론입니다."

부욱하고 노트의 마지막 장을 찢어 스승님은 종이의 한쪽에 '앞면', 반대쪽에 '뒷면'이라고 써서 내 앞에 내밀었다.

"이 종이의 앞면을 다른 사람이라고 하지. 그리고 뒷면이 자네라네."

"네."

"일이란 건 먼저 다른 사람에게 도움이 되어야 한다고 말했지. 그때는 앞면을 향하게 되는 거야."

"여기까지는 이해했습니다."

"다른 사람에게 도움이 되는 행동이 결과적으로 자기 자신을 위한 것이 아니면 이 종이는 성립되지 않는다네. 이해하겠나?"

"조금 어렵습니다."

"그래? 알았네. 자, 이 종이에 뒷면이 없으면 어떻게 되겠는가?"

"뒷면이 없다는 건 앞면도 없다는 건데, 말이 되지 않습니다."

"그렇지, 자네가 말하는 게 이것이라네. 뒷면, 그러니까 자기 행복을 잊어버리면 단지 자신을 희생해서라도 다른 사람을 위해 지나치게 노력하게 되지. 결과적으로 힘들어서 다 내던져 버리게 되지. 그렇게 되면 영원히 계속해서 손님에게 기쁨을 줄 수 없게 돼."

"이해했습니다. 하지만 '봉사'란 그런 의미가 아닌가요?"

"그렇지 않아. 자네도 행복해지는 것이 중요해."

"그건 자신을 우선으로 생각하는 것과는…."

"전혀 달라. 이보게, 잘 듣게나. 학생 때까지는 주변에서 어떻게든 알아서 도와준다네. 하지만 사회로 나온다는 건 다

른 사람에게 도움이 되어야 한다는 과제를 받아드는 과정이
지. 아까 그 종이로 말하자면 다른 사람을 앞면으로 해야 사
회에서는 일이 순조롭다네. 예를 들어, 자네 회사에 신입사
원이 들어와서 '일단은 월급을 많이 주세요. 그러면 저도 열
심히 하겠습니다'라고 말한다면 어떻겠는가?"

"그건 좀 곤란합니다. 혹시 된다고 하더라도 '일단은 열심
히 하고 나서 말해'라고 할 것 같습니다."

"역시 그렇지? 그러니 사회로 나와서 '일단은 자기 자신
을 행복하게 하세요' 하는 마음가짐은 미숙한 어린아이 같
은 생각이라고 치부되기 마련이고, 결과적으로 손해를 본다
네. 그게 아니라 먼저 일의 규칙에 따라 '다른 사람에게 도움
이 되겠다' 하는 자세를 앞면에 내세워야지. 하지만 만일 그
사람이 열심히 노력했다고 하더라도, 아무리 다른 사람에게
도움이 되었다고 하더라도 하나도 인정받지 못하고 월급도
전혀 오르지 않는다면 어떻겠나?"

"그건 좀 불쌍합니다."

"그렇지? 그럴 때는 이직을 하거나 창업하거나 방향성을
바꾸는 게 낫지. 노력한 보람이 자신에게 전혀 돌아오지 않
는데 언제까지고 이 한 몸 부서지도록 봉사하고 있다면 그
건 또 자기희생이 되지. 그렇게 해선 안 된다는 거야. 정당

하게 노력한 사람은 정당하게 인정받아야만 한다네."

"듣고 보니 정말 그렇네요."

"그러니까 말이지, 이 종이랑 같은 거라네. 사회로 나오면 우선은 다른 사람이 기뻐할 만한 일을 해야 해. 노력을 정당하게 평가받는다면 다른 사람에게서 감사의 인사를 받거나 성장하거나 승진해서 월급이 오르거나 경영자라면 회사가 번창하겠지. 다시 말해 기쁜 일이 세트로 따라온다고. 이 부분을 중요하게 여기는 건 결코 나쁜 일이 아니야, 필요한 일이지."

"자신을 생각해서는 안 된다는 게, 아닌 거네요."

"그렇지. 자기 행복도 잘 생각해야 해. 이 점은 명심해 두게. '자기 자신을 생각하는 것이 나쁜 게 아니다. 자기 자신'만' 생각하는 것이 나쁜 것이다'라는 걸."

"저를 희생시키지 않고 열심히 하겠습니다."

"그래. 다른 사람의 행복을 앞면에 둔다는 자세만 몸에 배면 되는 거라네. 모든 일에는 누군가에게 도움이 되어야 한다는 사명이 있어. 도움이 되지 않는 일이나 회사는 세상이 필요로 하지 않으니 곧 사라지겠지."

듣고 보니 정말 그렇다. 필요로 하는 사람이 있기에 가게도 회사도 일도 존재한다. 그렇지 않으면 이내 사라진다. '일도 수요도 종이의 앞면과 뒷면과 같은 관계'임을 떠올리며 나는 이야기를 들었다.

"어떤 일이 계속 존재한다는 건 반드시 그 일을 원하는 손님이 있다는 것일세. 결국 'for you(다른 사람을 위해)'가 일의 본질이지. 'for you'를 쌓아 올린 사람에게 돈이 쌓여서 결과적으로는 'for me', 다시 말해 자기 자신이 풍족해져."

달인이 되면 종이 한 장으로 이런 이야기까지 할 수 있구나. 나는 감탄을 금치 못했다.

"알겠나? 다른 사람의 행복과 자기 행복은 앞면과 뒷면이야. 어느 쪽이 중요하냐 하는 문제가 아니라 둘 다 중요하다네. 그러니 자기 자신을 희생해서는 안 된다고. 이해했나?"

"네, 감사합니다."

일의 의미를 찾는 방법

"어땠나? 지금까지 왜 일하는지에 대해서 이야기했는데, 어렵지 않았나?"

잠시 쉬어가며 잡담을 나눈 후, 스승님이 나에게 물었다.

"이해가 잘 되었어요. 다만 일에 대해서 이렇게 많은 이야기를 들은 적이 없어서 아직 완전히 다 이해하진 못한 것 같습니다."

"그럴 거야. 하지만 그걸로 충분해. 언젠가는 내가 한 이야기의 의미가 와닿는 날이 올 걸세."

"정진하겠습니다."

스승님은 천천히 고개를 끄덕였다.

"다만 이건 젊은 사람들에게 설명해도 잘 이해하지 못할 수도 있어. 특히 젊으면 젊을수록 더 그렇지."

"그럴 때는 어떻게 이야기하면 좋을까요? 언젠가 저보다 어린 사람이 물어보면 어떻게 해야 할까요?"

"그러게. 일에는 정말 여러 종류가 있다네. 갑자기 보람 있는 일을 찾는 기회는 좀처럼 없으니, 의지가 꺾일 때도 있을 거야."

"다들 지금 그런 상태에 있지 않을까요?"

"그럴 거야, 아마도. 다만 그 타개책은 '어쨌든 지금 있는 장소에서 일을 즐기는 힘을 기르는 것'이라네."

"'일을 즐기는 힘을 기른다'라…."

"그래, 대부분 들어온 지 얼마 되지 않았을 무렵에 하는 일은 재미없는 법이지. 이제 갓 들어온 사람에게 갑자기 큰 성취감이 따르는 일을 맡기는 건 상사로서도 용기가 필요하니까 말이야. 그러니 몇 년간은 일의 기초를 쌓게 시키는 거지."

"맞습니다. 저희 식당에서도 일단은 설거지부터 시킵니다. 그런데 거기서 모두 의욕을 잃어요."

앞에서 언급했다시피, 2006년에 나는 150석 규모의 식당 '히나타야'라는 가게를 운영하고 있었다. 가게가 큰 만큼 주방과 홀에 여러 담당 역할이 있다. 그중에서 신입이 가장 먼저 들어가서 하는 일이 바로 설거지였다. 하지만 곧바로 그만두는 사람이 많아서 어떻게 하면 좋을지 스승님께 묻자, 이런 이야기를 들려주었다.

"간사이 지방 한큐 그룹의 창업주 고바야시 이치조小林一三˙가 한 말을 알고 있는가?"

"아뇨, 모르겠습니다. 죄송합니다."

"꽤 옛날 사람이니까 모를 거야. 이 고바야시 씨가 항상 말한 모양이야. '신발 지키는 당번을 맡으면 일본에서 제일가는 신발 지키는 당번이 되어라. 그러면 자네는 언제까지고 신발 지키는 당번이 될 일은 없을 것이다'라고 말일세."

"그 정도 마음가짐이라면 다른 일을 맡게 된다는 뜻인가요?"

"감이 좋군, 맞아. 어차피 할 거라면 그 포지션에서 누구에게도 지지 않는, 다시 말해 이 나라 최고를 목표로 하란 말이지. '어떻게 하면 누구에게도 지지 않는 최고의 설거지 담당이 될까?', '일본 최고의 설거지 담당이라면 어떻게 일할까?' 하고 항상 자신에게 질문하며 일하는 거라네. 그렇게 하면 여러 아이디어나 개선점이 눈에 들어오기 시작하지. 그

<hr>

• 일본의 기업인이자 정치가로, 오사카 지역을 운행하는 한큐 전철과 한큐 도호 그룹의 창업자다.

렇게 해서 지혜를 짜내어 일하다 보면 윗사람은 그 사람을 어떻게 보겠나?"

"분명 다른 사람과 비교해서 압도적인 가능성을 느끼겠죠?"

"자네가 윗사람이라면 어찌하겠는가?"

"그 사람에게 더 큰 일을 맡기겠습니다."

"그렇지? 그게 바로 '의미의 힘'이라네. '일본 최고의 설거지 담당이 되기 위해'라는 의미를 부여할 수 있는지, 없는지에 따라 일에 임하는 태도가 180도 바뀌지."

"아하, 그렇겠네요."

"하나 더 내가 좋아하는 이야기가 있다네. 이건 파나소닉의 창업주 마쓰시타 고노스케松下幸之助*의 이야기인데, 물론 그를 알고 있겠지?"

"물론입니다. 쇼와昭和** 시대 최고의 경영자니까요."

"어느 날 마쓰시타 씨가 공장을 둘러보는데 전구를 닦고 있던 한 젊은이가 있었던 모양이야. 마쓰시타 씨는 젊은이에게 이렇게 물었지. '일이 재미없나?' 하고 말이야. 그 젊은이는 '네, 뭘 위해서 이런 일을 하고 있는지 모르겠습니다' 하고 답했다고 하네. 그러자 마쓰시타 씨가 뭐라고 했는지 아는가?"

....

• 지금의 파나소닉인 마쓰시타전기산업의 창업자로 일본에서 '경영의 신'이라 추앙받는 기업인.

흐음, 뭐라고 말했을까? 아무리 나도 경영자라고는 하지만 상대방이 너무나 위대한 경영자라 답이 전혀 떠오르지 않았다.

"마쓰시타 씨는 이렇게 대답했다고 하네. '그건 자네가 전구를 닦는 작업에만 초점을 맞추고 있기 때문이야. 좀 더 너머의 일을 생각해 보게. '이 전구가 있어서 가족이 즐겁게 생활할 수 있어. 이 전구가 있어서 사람들이 책을 읽을 수 있지. 이 전구가 있어서 세상 사람들이 어둠에 떨지 않고 편안하게 지낼 수 있어' 이렇게 생각하면 자네가 닦고 있는 건 전구가 아니라네. 세상 사람들의 행복을 닦고 있는 게지'라고."

"스승님…."

"응? 왜 그러나?"

"저, 감동받았습니다. 일하는 의미만 이해하면 모티베이션이 달라지네요."

"그렇지? 나도 무척 좋아하는 이야기라네."

···········
** 쇼와 일왕의 재임 기간에 사용한 연호로 1926년부터 1989년까지 사용되었다.

'일을 즐기는 힘'이 몸에 배면
모든 게 술술 풀린다

"되풀이하지만, 어떤 회사라도 입사한 지 얼마 되지 않았을 때는 재미있는 일을 잘 시켜주지 않아. 하지만 거기서 토라져서 그만둘 건가, 재미없는 와중에 자기 나름대로 의미를 찾아서 일하는가에 따라서 그 사람의 인생은 완전히 달라지지."

결과적으로 이 가르침은 히나타야에 신입으로 들어오는 직원의 생각을 크게 바꾸었다. 지금까지는 '일단은 설거지부터. 우리 가게는 원래 신입이 하는 일이니까' 하고 의미를 잘 전달하지 않고 '일단 열심히 해 봐'라며 대충 얼버무리는 편이었다. 그러나 이 강의를 듣고 난 후에는 점장이 처음 설거지를 맡게 된 사람에게 설거지를 시키는 의미를 잘 설명하기 시작했다. 그리고 그때 설거지를 열심히 해낸 사람들이 지금 분점을 차려서 나가거나 독립해서 가게를 차려 열심히 하고 있다.

"어떤 상황에서도 한숨만 쉬거나 토라져 있어서는 시간이 아무리 흘러도 성장할 수 없어. 하지만 반대로 지금 있는 장소에서 의미를 찾아 즐기려는 힘을 기를 수 있다면 그 사람은 지금부터 어떤 일이 닥쳐도 잘 해낼 수 있지."

스승님의 이 말은 정말 진리라고 생각한다.

"사람에게는 여러 즐거움이 있겠지만, 그중에서 제일 큰 것은 자신의 성장이야. 어제까지 하지 못했던 일을 오늘 할 수 있게 되는 거지. 인간은 여기서 큰 기쁨을 느끼도록 짜여 있어."

하지 못했던 일을 할 수 있게 되는 것. 일뿐만 아니라 취미나 공부, 어떤 분야에서든 즐거운 변화다.

"그러니 지금 미래의 꿈이 보이지 않더라도, 하고 싶은 일이 뭔지 몰라도 괜찮다네. 그럴 때는 '왜', 다시 말해 자신이 하는 일의 의미를 찾아내서 지금 눈앞에 집중하기만 하면 돼. 먼 훗날의 일만 떠들어대며 무작정 다 잘될 거라고 좋아할 여유가 있으면 눈앞에 닥친 일에만 집중하는 거지. 이걸 해낼 수 있는 사람은 거창하게 꿈만 떠들어대는 사람을 이길 날이 반드시 온다고."

'하지 못했던 일을 할 수 있게 되는 것'이 성장. 눈앞의 과제나 벽을 뛰어넘을 때 느껴지는 가슴 두근거림을 즐길 수 있는가, 없는가. 어쩌면 이것이야말로 꿈을 뛰어넘는 최고의 성공 법칙이 아닐까, 하고 새삼 절실히 느낀다.

느닷없이 자기가 좋아하는
일을 하는 게 아니라네.
일이 좋아지고, 그러고 나서
일이 따르는 사람이 되는 것.
이것이 가장 먼저 해야 할 일이지.

"사실은 말이야, 생각이 틀렸다면 바꾸면 돼.
다시 말해서 머릿속의 낡은 생각을 버리고
새로운 생각을 받아들이면 된다네."

3장 길이 열리는 일문일답 모임

사명감으로 '질문을 모으다'

 '자네는 누구와 살 텐가?' 저번 책의 주제였던 이 강의는 단 하루 만에 끝났다. 하지만 이번 책의 주제인 '자네는 왜 일 하는가?' 강의는 장장 5년에 걸쳐 이루어졌다. 5년이나 걸린 이유와 과정은 뒤에서 밝히겠지만, 스승님은 때마다 숙제를 내주셨고, 나는 숙제를 실행에 옮겨야만 했다. 숙제를 해결 하기 전까지는 스승님을 만나러 갈 수 없었다. '실천하지 않 으면 앞으로 나아갈 수 없다'라는 규칙 때문이었다. 결과를 내지 못했을 때는 몇 개월, 길면 연 단위로 스승님을 뵙는 간격이 벌어지기도 했다.

 숙제를 해결하는 동시에, 해야 할 일이 하나 더 있었다. 바

로 '동료나 손님의 고민거리를 모아서 스승님에게 가져가기'
였다. 강의 쉬는 시간 또는 끝난 후에 여러 사람의 고민을
내가 대신해서 스승님께 질문했다. 스승님의 답변이 담긴
녹음 파일을 사람들에게 전달하는, 마치 전서구傳書鳩*와 같은
역할이었다.

이 프로젝트는 한 대화에서 비롯되었다.

....
* 편지 등을 전달하는 비둘기.

'마음의 버릇'이라는 성가신 존재

"인간은 왜 실패한다고 생각하나?"

"방식이 잘못되어서가 아닐까요?"

"방식도 그렇지만, 그보다 앞서 하나 더 있다네. 그건 바로 생각이지."

"아, 듣고 보니 정말 그렇겠네요."

"인간이란 마음에 따라서 움직이는 법이니까. 마음의 버릇은 곧 생각이 되지. 생각에 기대어 인간은 자신의 가치관으로 움직이는데, 이게 성가신 거야."

"성가시다고요?"

"응, 틀렸을 때 말일세. 하지만 인간이란 그리 쉽게 바뀌지 않

아. 계속 그 생각으로 살다 보면 사고회로가 굳어져 버리지."

"저도 좀 그런 것 같습니다."

"사실은 말이야, 생각이 틀렸다면 바꾸면 돼. 다시 말해서 머릿속의 낡은 생각을 버리고 새로운 생각을 받아들이면 된다네."

솔직함과 유연성이 있는가?

스승님은 말한다. 일을 해도 잘되지 않을 때는 처음에 했던 생각이 틀렸을 뿐이라고. 잘되지 않을 때는 우선 생각을 바꿔보면 된다고 말이다. 생각을 바꾸려고 하지 않는 사람은 자기 잘못을 인정하고 싶지 않은 것일 뿐이다. 실력이 없는 사람일수록 완고하고 자존심이 세다고 스승님은 덧붙였다.

"만일 경제적으로 더욱 여유로운 삶을 원한다면 우선은 그 잘되지 않는 사고방식을 버리면 된다네. 유연하게 생각하면서 진지하게 임하면 언젠가 이루어지지. 예를 들어 수학 문제에서 '1+1=3'이라고 풀면 어떻게 되겠나?"

"틀린 답이 됩니다."

"그렇지? 그렇다면 '1+1=2'라고 고치면 끝나는 일이라네. 그것을 계속 '3'이라고 쓰면서 정답이라는 동그라미를 받으려고 하니까 앞으로 나아갈 수 없는 걸세. 고생의 원인은 바로 생각에 있지. 잘되지 않는 사람이 계속 고생하는 이유는 그 때문이야. 조금만 생각을 바꾸면 될 뿐이네. 그렇게 하지 않으면 아무리 시간이 흘러도 지금 그대로지. 그리고 스스로 알아차릴 때까지 이어질걸세. 그렇다면 괴롭지 않겠는가?"

"하지만 생각을 바꾼다는 것 자체가 너무 어려운 일 같습니다."

"어렵지 않아. 그저 '생각을 바꾸는 것은 간단하다'라고 생각하면 된다네. 그 자체도 생각이니까."

"어떻게 하면 그렇게 생각할 수 있나요?"

"솔직함과 유연성이려나? 이 둘을 모두 가진 사람은 크게 성장하지."

솔직함과 유연성. 메모해야 할 요점이다. 나는 이 두 단어를 노트에 큼지막하게 썼다.

"솔직함과 유연성만 있다면 '그렇게도 생각할 수 있구나. 당장 해봐야지' 할 수 있지만, 많은 사람은 새로운 생각을 받아들일 때 지금까지의 가치관을 부정한다고 느끼지. 바꾸면 곧바로 편해지는데 말일세. 인생은 생각 하나로 크게 변하는 법이라네."

업무에서의 일문일답 프로젝트

 별것 없는 대화지만 스승님의 말씀은 허투루 들을 게 하나도 없다. 그 정도로 깊다. 나뿐만 아니라 다른 사람도 분명 행복하게 할 거라는 확신이 들었다. 그래서 많은 사람을 데리고 가 함께 배우고 싶었지만, 무리였다. 그 대신 스승님께 부탁해서 일문일답 형식으로 녹음하기로 한 것이다.

 스승님은 평소 거의 사람을 만나지 않는다. 그러니 사람들이 어떤 일로 고민하는지 알 수 없었다. "자네가 질문거리를 많이 가져와 주니 젊은이들이 어떤 일로 고민하는지 알게 되는군." 하고 스승님은 이 프로젝트를 소중히 여겼다.

 당연한 말이지만, 질문자는 이 특별한 프로젝트를 너무나 기뻐했다. 그도 그럴 것이 답변자는 평소 책이 아니면 만날 수 없는, 일본 납세액 1위의 경영자가 아니던가. 그런 분이 자신의 고민에 직접 답해주니 기뻐하지 않을 이유가 전혀 없었다. 개중에는 녹음 파일을 몇 번이고 반복해서 듣고 실천에 옮겨 앞날이 활짝 열린 사람도 많았다.

이 책에서는 그때의 실제 녹음 자료를 바탕으로 '왜 일하는가?'에 관한 내용을 중점적으로 다루었다.

취업 활동 단계에서
그렇게 고민할 필요는 없다

"이번에는 어떤 질문이 모였나?"

이 프로젝트가 시작되자 기분 탓인지 스승님은 즐거워 보였다.

"네, 첫 번째 질문입니다."

> 66
>
> 저는 한창 취업 활동 중인 학생입니다. 감사하게
> 도 몇몇 회사로부터 채용 내정을 받았는데, 진짜
> 제가 가고 싶은 곳은 경쟁률이 높아서 어려울 것
> 같습니다.

취업 활동에 대해서 조언해 주셨으면 좋겠습니다.
잘 부탁드립니다.

———————————————————— 🙿🙿

"취업 활동이라. 고생이 많겠군. 이력서를 써서 정장을 입고 회사를 돌아다니고. 자네도 취업 활동을 했는가?"

"아닙니다."

사실 나는 취업 활동을 한 적이 없다. 학창 시절 다코야키 만드는 연습이나 하며 빈둥거리던 나를 걱정한 지인이 어쩌다 출판사 사장님을 소개해 주었고, 아르바이트를 거쳐 그대로 취업이 결정되었다. 그 사장님과 30분 면접으로 취업이 결정되었으니 취업 활동도 똑같이 불과 30분. 경험이 거의 없어서 조언해 주려고 해도 아는 바가 없었다. 스승님도 젊을 때 자기 일을 시작해서 나와 마찬가지로 취업 활동은 한 적이 없었다. 그러나 스승님의 통찰력과 조언은 옆에서 듣고 있는 나도 눈이 번쩍 뜨일 만큼 대단했다. 세상에는 직접 해보지 않아도 본질을 파악할 수 있는 천재가 있다. 이 사실을 일문일답 프로젝트를 통해 절실히 깨달았다.

"그래, 한번 이야기해 볼까?"

"부탁드립니다."

"취업 활동은 힘든 일이라 생각하네. 뭐 나야 세상 사람들과 다른 이야기를 하니까, '아, 이렇게 생각하는 사람도 있구나' 정도로 들어주게나."

스승님은 이렇게 주도적으로 이야기를 이끌었고, 나는 오로지 고개를 끄덕이며 궁금한 점을 묻는 담당이었다.

"만일 이미 채용 내정을 받은 곳이 있다면 그리로 가면 된다고 생각하네. 자신이 가고 싶은 곳에 들어가려고 무리하게 애쓰기보다 말일세. 내정을 준 회사는 이미 자네의 매력을 알아봤다는 뜻이니까."

그렇구나. 그런 생각이시구나.

"그리고 학생들이 알아두면 좋겠는데, 일이란 게 자신이 선택해서 지원하는 듯이 보이지만 사실은 일의 부름을 받는 거라네."

이거다. 비범한 발상. 질문자를 대신해서 내가 곧바로 질문했다.

"스승님, 일의 부름을 받는 거라고요?"

"그래. 일이 불러주는 거야. 언뜻 자신이 선택한 것 같겠지만 말일세."

자신이 선택하는 것이 아니라 일의 부름을 받는다. 새롭다.

"그게, 아마 이 질문을 한 학생은 어느 회사에 들어가더라도 그 나름대로 고생할 걸세. 요즘 학생은 휴일이나 복리후생이 좋은가로 회사를 판단한다고 들었지만, 그걸 기준으로 생각하지 않는 편이 좋다네. 여건이 아무리 좋다고 한들 일이 힘든 건 어디든 마찬가지일 테니."

스승님은 녹음기에 대고 이렇게 말했다.

"중요한 것은 어느 회사에 들어갈지가 아니라 자네 스스로 왜 일하는지, 어떻게 일할지라네. 어디에 들어갈지 고민하기보다는 들어간 회사에서 어떻게 일할지 고민해야 잘되는 법일세."

젊은 사람들이 일 배우기에
좋은 회사

"스승님, 취직하기에 좋은, 추천하는 회사가 있나요?"

"있지. 안 그래도 이야기하려던 참이네. 내가 가장 추천하는 곳은 '이것저것 다 시키는 작은 회사'라네."

"작은 회사요?"

"그렇다네. 만일 이 질문을 한 사람이 자신의 성장을 중요시한다면 복리후생이 잘 갖춰진 대기업보다 아직 창업한 지 얼마 안 된 작은 회사가 더 좋아. 큰 회사는 부서가 나누어져서 그 부서에 특화된 일을 하게 되지. 하지만 규모가 작아서 이제부터 시작인 회사는 인원수도 적으니 그런 느긋한 소리를 할 여유가 없지. 필요하다면 쓰레기 버리기, 커피 타

기, 복사, 청소 등 잡일도 있겠지만 기획, 영업 등 여러 일을
하게 되지. 그만큼 성장할 수 있다네."

그렇구나. 그럴지도 모르겠다.

"이제 그만 결론을 내릴까? 일은 무엇을 하든 마음먹기 나
름이라네. 마음먹은 만큼 많은 것을 배울 수 있는 법이지.
거기서 '일을 즐기는 힘'을 기르게. 이상."

일을 즐기는 힘. 나는 몇 번이나 들은 말이기에, 질문자보
다 먼저 알고 있다는 사실이 내심 뿌듯했다. 이 질문을 한
학생은 작은 벤처기업에 채용됐고, 지금은 독립해 그 회사
를 뛰어넘는 실적을 내고 있다. 같이 밥을 먹을 때마다 '그때
의 말씀이 지금의 자기 자신을 만들어주었다'라고 항상 말
한다.

주어진 역할에 어떻게 임할 것인가?

"그러면 다음 질문으로 넘어가겠습니다."

> **"**
>
> *회사에서 승진 발령을 받았습니다. 직급이 오르는*
> *것은 기쁘지만, 책임도 커지니 자신이 없습니다.*
>
> **"**

"운명의 의자 이야기를 아는가?"
"아뇨, 들은 적이 없습니다."

"아직 없다면 그 이야기를 해볼까?"

"부탁드립니다."

"이건 젊은 사람들에게 꼭 들려주고 싶은 이야기인데, 어느 정도 연배가 있는 사람도 들어두면 분명 언젠가 도움이 될 테고, 살아가는 방식이 달라질 걸세. 운명의 의자 이야기는 이런 식으로 시작한다네."

"네."

"당신은 지금 길을 걷고 있습니다. 조금 걷자 높으신 분들이 모여 회의하는 곳에 다다랐습니다. 잘 보니 맨 끝에 한 자리만 비어 있는 의자가 있습니다. 이건 바로 당신을 위해 준비된 자리였습니다. 자, 당신이라면 어떻게 하겠습니까?"

"으음, 고민되네요."

"그런가? 정답은 '네, 하고 대답하고 곧바로 앉는다'라네."

"너무 뻔뻔한 행동 아닌가요?"

"그렇게 생각하니까 사람이 잘못을 저지르는 걸세."

"잘못이요?"

"그래. 회사란 항상 먼저 있던 사람이 준비해 준 장소가 있는 법일세."

그렇다. 회사, 담당 업무, 모두 먼저 있던 사람이 만들어 준 것이다.

"예를 들어 '여기서 일하세요. 이 업무를 맡으세요' 하면 거기에서 일하면 되고, 그 역할을 열심히 하면 된다네. 혹은 어느 날 갑자기 '팀장을 맡으세요', '과장이 되세요', '이 업무를 하세요'라고 했다고 치지. 바로 수락하지 않고 거기다 대고 '제가 해도 괜찮나요?'라든지 '여기에 앉아도 되나요?', '이거 별로 좋아하지 않아요'라고 말한다면 주절주절 떠드는 격일세."

곧바로 앉는다. 이치에 맞는 소리지만, 현실에서는 꽤 어려울 듯하다.

"사람에게는 누구나 세상이 준비해 준 의자가 있다네."

"자신의 역할을 말하는 건가요?"

"그렇지. 대표적인 것이 일이야. 많은 사람이 '저런 일을 하고 싶어', '이런 일은 싫어'라고 말하지만, 결국 일이란 뭐든 똑같다네. 세상이 준비해 준 의자이니 이런저런 토 달지 말고 냉큼 앉아야 하지. 그렇게 하면 뭐든 해낼 수 있어. 주어진 일은 모두 역할이니까."

주어진 일은 모두 역할. 그렇게 생각하면 나 자신이 지금 무엇을 해야 할지 명확히 보이기 시작한다.

하루라도 일찍
역할에 걸맞은 사람이 되자

"좀 더 자세히 이야기해 볼까?"

"네, 조금 더 들려주십시오."

지금 이렇게 스승님 앞에 내가 앉아있을 수 있는 것도 운명의 의자인지 모른다. 그렇게 생각하자 기대감이 더욱 커졌다.

"그건 말일세, 세상은 때때로 자리라는 보상을 준다는 말이네."

"네? 그런가요?"

"그래. 예를 들어 자네가 점장을 맡게 되었다고 하지. 시키는 대로 일단 점장은 되었지만, 처음에는 점장의 자질 따위 있을 리 만무해. 처음 한동안은 세상이 기다려 준다네. 그동안에 열심히 실력을 길러야 하네."

"기다려 주는 기간이 승부처가 되겠군요."

"맞아. 그러니 들떠있을 여유가 없어. 세상이 '자네가 점장을 맡게', '과장에 임명한다' 하고 말할 때는 아직 그에 맞는 실력이 없을 때지. 하지만 한동안은 지켜보고 있으니까 그 사이에 빠르게 자기 능력을 갈고닦아서 그 역할에 어울리는 실력을 길러야 해."

이직을 생각할 때 도움이 되는
'3개월 법칙'

> 2년 차 회사원입니다. 지금 회사에 보람을 느끼지
> 못하고 인간관계도 좋지 못해서 이직하고 싶습니다.

"으음, 이직이라고? 그것도 괜찮지. 다만 어쩌면 그 원인은
회사가 아니라 질문자에게 있는지도 모르겠군."
"어떤 뜻으로 하시는 말씀인가요?"
"그만둘지 그만두지 않을지는 자신이 정하는 것이니 정답
은 없고, 나는 질문자에게 어떻게 하라고 말할 수 없다네.

단지 이직하기로 정했다고 하더라도 사직서를 내는 건 3개월 후로 했으면 좋겠군. 그 후의 일하는 인생을 즐겁고 풍요롭게 만들기 위해서 그 세 달 동안 해야 할 일이 있기 때문이라네."

"그게 뭔가요?"

"3개월 동안은 그 직장에서 자신이 낼 수 있는 모든 힘을 써서 일하는 거지. 그렇게 할 수 있으면 그 후의 일하는 인생은 좋은 쪽으로 크게 방향이 바뀐다네."

3개월. 자신에게 길게 느껴질지도 모르는 시간이지만, 인생을 놓고 보면 그렇게 길다고는 할 수 없다. 나는 이런 생각을 하며 이야기를 들었다.

"특히 젊어서 이직할 때 가장 해선 안 될 것이 갑자기 그만두는 것이라네. 이렇게 해버리면 '싫으면 바로 그만두면 된다'라는 버릇이 생기니까. 그렇게 한 번 버릇이 들면 조금이라도 나쁜 일이 생길 때마다 이직하는 것이 습관이 되어버린다네."

"갑자기 그만두면 회사로서도 곤란하죠."

"물론 그것도 그렇지만, 회사란 한 사람이 빠져도 의외로 잘 돌아간다네. 제일 곤란한 건 그만둔 본인이지."

"그러면 꾹 참고 회사의 규칙이나 정도筋道를 무조건 따르라는 말씀인가요?"

"아닐세. 이 질문자가 행복해지기만 하면 되네. '이제 더는 못하겠다' 싶을 때까지 세 달만 지금 하는 일에 전력을 쏟기를 바라네."

....
* 일을 행하는 올바른 순서.

3개월 후에 일어난 의외의 일

이 강의 후에 녹음 파일을 건네받은 질문자는 스승님이 말한 대로 온 힘을 다했다고 한다. 평소 스승님이 쓰신 책의 열성 팬인지라 스승님의 답변을 각별하게 여겼기 때문이다. 그렇게 3개월 후, 질문자에게 연락하자 상황은 의외의 방향으로 흘러갔다.

"어떻게 됐어? 세 달이 지났는데 사직서는 낸 거야?"

"저, 시계 형님(질문자는 나를 이렇게 불렀다), 그게, 사정이 좀 달라져서 말이죠."

"무슨 일이야?"

"승진했어요. 세 달 사이에 저를 향한 평가가 완전히 달라져서요."

"안 그만두는 거야?"

"그만둘 생각이었는데, 일이 재밌어졌어요. 상사에게 이직을 생각하고 있다고 털어놓았더니 어제 회사 임원이랑 상사가 회식에 불러선 계속 뜯어말리더라고요. 술을 너무 마셔서 머리가 아파요. 저, 좀 더 일해보려고요."

스승님께 전하자, 스승님은 놀라는 기색 없이 말했다.

"역시 그렇게 되었군."

"이렇게 될 줄 아셨나요?"

"대체로는 그렇지. 회사가 재미있지 않은 건 전력으로 하지 않았기 때문이라네. 이 '3개월의 법칙'을 알려주고 진짜로 3개월이 지나서 그만둔 사람은 거의 없어."

"그런가요?"

"물론 그중에는 그만둔 사람도 있지만, 이 3개월의 법칙을 지킨 사람은 다음 회사에서도 분명히 좋은 방향으로 나아간다네."

"그래요?"

"그러니 자네에게도 말하지 않았나. 일이란 자기 하기 나름이라고."

그렇구나. 그런 거구나. 나에게도 해주신 말씀이지만, 다른 사람을 통해서 보니 그 뜻이 내 안에 더욱 깊이 새겨졌다.

일어나는 일은 모두,
지금 나에게 꼭 필요한 일

"그러면 3개월의 법칙을 지키지 못하는 사람은 어떻게 되나요?"

"이건 법칙이라고 말할 수 있을 만큼 다음 직장에서 더욱 고생하게 되지."

"진짜요?"

"그게 말이야, 일도 사생활도, 그 시점에서는 자기 자신의 수준에 맞는 일밖에 일어나지 않는다네. 그걸 자기 자신이 아니라 주변 탓으로 계속 돌리면 스스로 알아차릴 때까지 비슷한 일이 반복되지. 싫은 타입의 사람도 계속 만나게 되고, 싫은 업무도 해야만 하는 상황이 계속 생긴다네."

"그건 너무 힘든데요."

마치 내 일인 양 감정을 실어서 말했다.

"하지만 질문자처럼 석 달이라도 착실히 하면 '모든 것은 자기 하기 나름'이라는 사실을 깨닫게 되지. 주변이 아니라 자기 자신이 미숙했다는 사실을 말일세. 그걸 깨닫고 나면 하늘에서 정답 동그라미를 치고 다음 단계를 열어준다네."

"아하, 그래서 불평만 하는 사람은 어느 회사에 가도 불평만 하는 거군요."

"그래. 또 불평만 하는 사람에게 불평에 걸맞은 시련이 다가오지."

"저도 성장하고 싶습니다."

"앞으로 이런 고민을 하는 사람이 자네를 찾아올 걸세. 그때는 이 '3개월의 법칙'을 꼭 들려주게나."

스승님의 말씀대로 그 후에 나는 어질어질할 만큼 많은 사람에게서 비슷한 고민을 들었다. 이 3개월을 어떻게 지냈는가에 따라서 크게 두 갈래 길로 나뉜다는 것도 알게 되었다. 고작 세 달, 그러나 세 달. 사람의 운명은 이 3개월로 크게 달라지는 법이다.

당장이라도 이직하는 편이 좋을 때

"다음 질문이긴 합니다만⋯."

"왜 그러나?"

"조금 전 3개월의 법칙 이야기와 겹치는 것 같아서요."

"일단 질문을 들려주겠나?"

"알겠습니다."

    ❝─────────────────────

회사에 싫은 행동을 하는 사람이 있는데, 몇 번이
고 상사에게 부탁해도 처리해 주지 않아서 주변

직원들이 하나둘씩 그만두고 있습니다. 저도 그만
두고 싶지만, 회사도 난감할 테니 10년은 그만두
지 않고 열심히 해보려고 했습니다. 하지만 하루하
루 마음이 지쳐만 갑니다. 이런 사람이 있는 직장
에서 잘 헤쳐 나갈 수 있는 조언을 들려주십시오.

———————————————————————— 99

"이건 앞의 경우와는 상황이 다르다네. 이 사람은 당장이
라도 이직하는 편이 좋아."

"3개월 동안 열심히 노력해 보지 않고, 말입니까?"

"그래. 가능한 한 빠른 편이 좋아. 저런 회사에서 잘해보려
고 하면 괜히 마음만 다친다네."

어찌 된 영문일까? 의문을 품고 나는 조용히 이야기를 들었다.

"싫은 사람의 정도에 따라서 다르겠지만, 이 회사는 이제
성장하지 않을 걸세."

"앞날이 없다는 뜻인가요?"

"앞날이 있을지 없을지는 모르겠지만, 일이란 마음을 다치면
서까지 할 건 아니라네. 자신을 죽여가며 일하는 지금의 회
사보다 훨씬 더 좋은 회사가 있을 거야. 이 질문자의 문제는
당사자가 어떻게 할 수 없는 어려운 처지에 놓였다는 거지."

"윗사람에 달렸다는 말씀인가요?"

"그래. 멍청한 리더는 적보다 무서운 법일세. 이것도 내 개인적인 생각일 뿐이니 그대로 따르지 않아도 되지만, 확인하기 위해서 더 시간이 흐른 후에 자네가 다시 물어보게나. 그러고 나서이 녹음 파일을 질문자에게 들려줄지 말지 판단하면 되네."

"알겠습니다."

"애당초 주변 사람이 계속 그만두는데도 싫은 행동을 하는 사람을 계속 내버려 두는 것 자체가 문제라네. 리더, 즉 경영자의 책임이지."

"리더의 책임….."

"일본인은 좋은 일이든 나쁜 일이든 무난하게 잘해 나가려는 기질을 가졌다는 사실을 자네도 알지?"

"네, 알고 있습니다."

"아마 이 회사의 경영자도 직원이 그만두는 원인이 어디에있는지 알고 있을 걸세. 하지만 분쟁이 생길 것을 두려워해서 아무것도 하지 않는 게지. 이런 리더를 위해서 자신의 인생을 희생할 필요는 전혀 없다네."

스승님은 이러한 불합리한 이야기를 들으면 마치 자기 가족이 괴롭힘당한 것처럼 격분하곤 했다.

아무리 노력해도 좋아지지 않는
사람은 피하는 것이 상책

"하지만 스승님, 그렇게 싫은 사람도 사실은 좋은 부분이 있지 않습니까? 말은 나쁘게 하지만 사실은 좋은 사람일 때도 많고요."

"없어. 말은 나쁘게 하지만 좋은 사람 따위는 없다네. 심술 궂은 기질을 가지고 있으니 나쁜 말을 하거나 다른 직원들이 그만둘 정도로 심한 행동을 하는 것이지. 그 부분을 놓치고 그대로 내버려 두는 리더 자체가 실격이야. 빨리 그만두는 게 낫지."

"그러면 3개월은요?"

"필요 없어. 주변 사람이 그만두는데도 이 질문자는 제 나름대로 노력하고 있지 않나? 이제 됐네. 적극적으로 철수할 때지.”

“재미있는 표현이네요.”

“싫은 사람은 일단 변하지 않아. 바꾸려고 하면 반발해서 큰일이 생기지. 반대로 상대방에 맞춰서 좋아하려고 노력하면 더 큰 일로 번진다네. 그런 사람에게 사랑받아봤자 계속 자신을 억누르며 살아가야 하는 지옥이 이어질 뿐이야.”

질문자가 하루하루 그런 마음으로 일한다고 생각하니 불쌍해졌다.

“난 말일세, ‘아무리 노력해도 좋아지지 않는 사람, 아무리 노력해도 싫은 사람과는 잘해보려고 하지 말고 전력으로 도망쳐라’라고 예전부터 말하고 있다네.”

“그러면 분쟁이 일어날 것만 같습니다….”

“자기 마음속의 분란으로 괴로워하는 것보다는 훨씬 낫지. 그런 직장은 정말로 사람이 다 나가서 태풍이 휘몰아치지 않는 이상 대처하지 않는다네. 그리고 깨달았을 때는 이미 늦었지. 그런 태풍에 휘말릴 바에야 적극적으로 철수하는 편이 좋아. 내 말이 너무 지나친가?”

나는 고개를 저었다. 스승님이 질문자의 상황을 생각해서 말해주었다는 점이 마음에 와닿았기 때문이다.

"그런 환경에서 10년이나 잘 버텨냈군, 그 사람."

그렇게 말하며 스승님은 이 이야기를 마쳤다.

나중에 이 녹음 파일을 건네자, 질문자는 들으며 울었다. 그리고 곧바로 사직서를 냈다. 이 질문자는 다음에 들어간 회사에서 임원에 올랐다.

창업해서 성공하는 사람의 조건

"한 사람이 두 개의 질문을 했는데, 괜찮습니까?"
"물론이지. 들려주게."

> 66
>
> 창업하고 싶어서 세미나 등에 다니고 있습니다.
> 창업해서 성공하는 방법을 알려주십시오.
>
> 99

"답하기 전에 하나 질문해도 되겠나? 이 질문자는 어떤 타입의 사람인가?"

"타입이요?"

"그래. 자기주장이 강한 타입인가? 아니면 섬세한 타입인가? 어떤 사람인지에 따라서 표현 방식을 달리해야 하니까 말일세."

"어느 쪽인가 하면 자기주장이 강한 타입이죠. 그러니 직설적으로 표현하는 편이 잘 전달될 겁니다."

"그렇군, 알겠네. 아주 중요한 내용이니 가감 없이 말하지. 이 질문자는 지금 그대로라면 창업에 실패할 걸세. 거의 확실하네."

스승님은 깊게 숨을 쉰 후, 자세를 바로 고쳐 앉았다.

"시작해 볼까?"

"네, 부탁드립니다."

나는 녹음기의 스위치를 눌렀다.

"이 질문자는 창업할 때 해야 할 일의 핀트가 완전히 어긋났어. 하나 정도라면 모를까, 세미나를 몇 군데나 다닌다는 것 자체가 창업 문외한이라고 할 수 있지."

스승님답지 않게 직설적인 말투다. 그러나 평소와 말투가 다를 정도로 중요한 내용을 말하려고 한다는 사실은 나도 알 수 있었다.

"창업 세미나의 평론가가 될 거라면 지금처럼 해도 된다네. 하지만 진정으로 창업을 배우고 싶다면 가장 빠른 방법은 창업을 해버리는 거지."

"일단 저지르라는 말씀인가요?"

"창업이란 간단히 말하자면 자신의 상품을 팔기 시작하는 일 아니겠나? 예를 들어 라멘집을 하고 싶다면 자신만의 라멘을 만들어서 사람을 불러 일단은 100엔˙이라도 좋으니 확실히 돈을 받고 상품을 팔기 시작하는 것이 창업일세. 게다가 아무리 창업에 돈이 안 든다고 하더라도 초기에는 돈이 없는 법이지. 1엔이라도 돈을 벌어서 몸집을 불려 나가야만 하는 시기에 일부러 비싼 돈을 내가며 세미나를 듣는 것 자체가 틀렸다는 말이네."

"창업 세미나에 다니지 않아야 한다는 말씀인가요?"

"단정 짓기 어렵지만 그런 세미나에 다닐 때 제일 나쁜 점이 책상 앞에 앉아서 공부만 하고서는 이미 성공한 듯한 기분에 젖는 거라네. 창업은 힘든 길일세. 그런 마음가짐으로 창업하면 가차 없이 세상의 쓴맛을 보게 되지."

"확실히 창업은 그리 쉬운 길이 아니긴 하죠."

• 일본의 화폐 단위.

"창업 세미나를 매도하려는 것은 아닐세. 다만 잘 생각해 보면, 수십만 엔이나 내고 창업 세미나에 가기 전에 먼저 서점에 가면 어떻겠나? 서점에서는 창업 노하우가 가득 담긴 책이 1500엔에서 비싸 봐야 2000엔 정도면 살 수 있지. 그런 책을 깊게 탐구하며 읽는 편이 훨씬 낫다네."

"처음에는 되도록 돈을 쓰지 말라는 말씀이군요."

"맞아. 창업할 때의 포인트는 자기 돈을 가능한 한 수중에 남겨두는 것이지. 쓸데없이 돈을 써서는 안 된다네."

스승님은 항상 말한다. '돈이 점점 자신의 수중을 떠날 때는 십중팔구 머리를 쓰지 않은 때'라고. 특히 창업 초기의 사람에게는 입에 단내가 날 정도로 말하곤 했다.

자네는 라멘집이 많은 동네에서
무슨 가게를 하겠는가?

"감사합니다. 같은 사람이 질문을 하나 더 했습니다."
"괜찮네. 들려주게나."

> 66
>
> 많은 사람이 하지 않는 틈새시장에서 창업하려고
> 생각 중입니다. 틈새시장을 발견하려면 어떻게 하
> 면 좋을까요?
>
> 99

"또 쓴소리해야만 할 것 같은데, 괜찮겠나?"

"물론입니다. 저도 공부가 되고요."

"자, 그럼 얘기하겠네. 두 녹음 파일을 질문자에게 전달할지는 자네가 판단해주게나."

"알겠습니다."

"창업에서 해서는 안 될 일 두 번째. 그건 '틈새시장을 노리는' 거라네."

이건 의외였다. 보통은 사람들이 하지 않는 일에 기회가 있다고 생각하기 마련이니까.

"틈새시장은 다시 말해 대부분 사람이 하지 않는다는 뜻이지?"

"네, 그런 셈이죠."

"지금껏 인생을 걸고 창업한 사람이 이렇게나 많은 가운데, 아직도 시장이 없는 분야라면 틈새시장이 아니라 대체로 수요가 없는 분야라네."

허점을 꿰뚫는 대답이었다.

"이 부분은 자네도 잘 기억하게나. 예를 들어 하카타博多*라고 하면 역시 라멘이지?"

....

* 일본 후쿠오카현 후쿠오카시의 지명으로, 후쿠오카 현청이 있는 최대의 번화가.

"그렇죠. 하나의 문화죠. 여기저기 라멘집이 즐비하니까요."

"더 알기 쉽게, 자네 고향인 나카쓰라고 한다면 역시 가라아게唐揚げ*겠지?"

사실 내가 나고 자란 오이타현 나카쓰시는 '가라아게의 성지'라고 불리며, 1인당 가라아게 매장수가 일본 1위를 차지한다.

"그럴 때, 많은 사람이 '하카타에는 라멘집뿐이고 파스타 가게가 없으니까 파스타 가게를 하면 잘될 거야'라든지 '나카쓰에는 가라아게 가게가 많으니까, 이제부터 가라아게 가게를 해봤자 잘될 리가 없어' 하고 생각한다네."

"제 생각도 비슷합니다."

"그건 초짜들의 생각이네. 프로 장사꾼은 달라. '하카타는 도시 전체가 라멘집이다' 하고 생각한다네. 라멘을 먹으러 많은 사람이 모여드는 곳이니 그렇게 생각할 수 있지."

"그렇네요. 그렇게 생각하면 동네가 전부 라멘집으로 보이겠어요."

"게다가 그렇게나 라멘집이 많다면 그만한 사람이 먹고 갈 수 있는 시장이 형성되어 있다는 말이야. 그렇다면, 그 안에서 1등이 되면 하카타에 오는 고객을 독차지할 수도 있지. 첫 가게부터 줄이 끊이지 않는 유명 가게가 될 수 있어."

....

• 일본식 닭튀김.

"라멘집이 많은 동네에서는 라멘집, 나카쓰로 말하면⋯."

"그래, 가라아게 가게."

"아, 그렇군요."

"아직 시장이 형성되지 않은 IT 벤처 분야라면 이야기가 다르겠지만(2006년 당시), 그렇지 않은 분야라면 이미 시장이 형성된 아이템이 좋다네. 그중에서 남들이 하지 않는 서비스나 맛을 추구해서 헤쳐 나갈 수 있다면 동네를 찾아오는 팬들 사이에서 단숨에 입소문을 타게 되지."

언젠가 책에서 읽은 적이 있다. '창업에서 목표로 해야 할 지점은 아직 그 상품을 모르는 사람이 아니라 이미 산 적이 있는 사람에게 초점을 맞추는 것'이라고. 아마 스승님은 이 내용을 전하려고 하는구나, 하며 듣고 있었다. 이야기에 빨려 들어가 대신해서 질문한다는 본래의 역할을 잊고, 마치 제 일처럼 느끼고 있었다. 그런데 문득 의문이 들었다.

"저, 스승님. 질문해도 될까요?"

"응, 좋아. 이건 특히 내 전문 분야라서 열정이 샘솟는군."

그렇게 말하며 스승님은 미소를 지었다.

"이건 제 질문인데요, 예를 들어 저 같은 종합 음식점의 상품 개발에도 해당하나요? 가령 다른 지역에서 유행하는 음식을 들여온다거나 하면 손님도 색다르게 여기지 않을까요?"

"계절 메뉴로는 해도 괜찮겠지만, 그걸 주메뉴로 하는 건 좋지 않다네. 예를 들어 자네가 좋아한다고 했던 히로시마廣島*의 오코노미야키お好み焼き**를 '없으니까 보급해야지' 하고 생각한들, 사람들은 진짜로 먹고 싶다면 히로시마에 갈 테니까 말일세."

맞다. 실제로 나조차 우리 동네에 있는 히로시마풍 오코노미야키 가게에는 가지 않는다.

"정리하자면, 원래 없던 것을 보급하려는 건 방대한 에너지가 든다네. 자네 가게라면 옆 가게보다 맛있는 가라아게를 만드는 게 더 성공하는 지름길일세. 가라아게의 도시라고 불리는 나카쓰에서 독보적으로 맛있는 가라아게를 만들기만 하면 입소문을 타고 멀리서도 사람들이 몰려오지. 배송 시스템을 만든다면 전국, 아니 전 세계가 시장이 될 수 있다네."

역시 일본 최고의 장사꾼이다. 단순한 이야기지만, 잘 들어보면 그 속에 많은 사람이 못 보는 핵심 메시지가 담겨있었다.

....

• 일본 히로시마현의 도시로 현청이 있는 최대의 도시. 일본에서 11번째로 인구가 많고 역사적으로는 원자폭탄이 투하된 도시로 유명하다.

•• 일본식 부침개로, 밀가루와 가다랑어포를 우려낸 물로 만든 반죽과 고기나 해산물, 채소를 비롯한 여러 재료로 철판에 지져서 만드는 음식. 오사카식과 히로시마식으로 나뉜다.

창업은 우선 이 부분을
철저하게 해야 한다

"수守, 파破, 리離라는 말을 아는가?"

"네, 일단은 형태라는 기본을 갖추고, 다음으로 그 기본을 바탕으로 개량한 후에 고유함을 만들어 낸다는 의미의 말이지요?"

"맞아. 이 수파리의 규칙으로 생각하면 창업은 대체로 '수守'의 부분만 철저하게 하면 어느 정도 성공하는 법이라네. 일부러 세상에 없는 것을 만들어 내려고 애쓰지 않아도 되지."

"창업은 '수守'를 철저히 고민해라."

"그렇다네. 창업 초기에는 이미 궤도에 오른 회사보다 돈도 사람도 실적도 부족하지. 그럴 때는 먼저 '사람들은 지금 무엇을 원하는가?', '어떤 분야라면 제일 에너지를 쓰지 않고 궤도에 오를 수 있는가?'를 생각해서 사업을 선택하면 된다네. 시장에 없는 아이템이나 진심으로 열정을 쏟을 수 있는 분야는 사람, 물적 자원, 자금, 정보, 이 네 가지 경영자원을 모두 손에 넣은 후에 시작해도 늦지 않지."

"'창업 세미나에 가기 전에 서점에 가라. 가능한 한 돈을 들이지 마라. 라멘집이 많은 동네에서는 라멘집을 해라' 저도 매우 공부가 되었습니다."

"길었지만 이 질문자도 잘되면 좋겠군."

이 질문자에게 녹음 파일을 건네주고 같이 들으며 얘기했던 그날이 새삼 그립다.

"스승님 말씀도 맞겠지만, 저는 가능하다고 믿습니다. 세상에 없는 것을 만들어 내겠습니다."

그렇게 말하고 그는 돌아갔다. 그 후로 질문자와는 소원해졌는데, 그는 지금 어디서 무얼 하고 있을까?

창업하는 데
'지금의 상황'은 상관없다

"늘 그렇지만, 이 질문 시간은 참 즐겁군."

잠시 쉬는 사이에 스승님은 말했다.

"그렇죠. 특히 일에 관한 내용은 저도 공부가 많이 됩니다."

"일은 인생에서 매우 중요한 부분이니까. 내 생각이 도움이 되면 좋겠네만."

스승님은 항상 이렇게 말한다. 결코 겸손하게도, 아니꼽게도 들리지 않는다. 스승님의 말씀 속에 담긴 선한 진심이 고스란히 느껴지기 때문이다.

"그러면 다음으로 넘어가 볼까? 다음은 어떤 질문인가?"

"네, 그러면 부탁드리겠습니다. 단순한 질문이지만요."

> "
>
> 주부인데 창업하고 싶습니다.
> 가능할까요?
>
> "

"으음, 알겠네. 결론부터 말하지. 가능하다네. 주부든 젊은 이든 극단적으로 학생이든 어떤 상황에 있는 사람이건 창업 만큼은 모두 그 사람 하기 나름이니까."

"마음가짐에 따라서 주부라도 창업해서 성공할 수 있다는 말씀이지요?"

"그래, 그렇다네. 우선 중요한 건 두 가지 각오가 되어 있 는가라네."

"각오요?"

"그래, 각오. 첫 번째는 '손님을 행복하게 할 각오' 그리고 두 번째는 '자신이 행복해질 각오'라네. 창업에서 중요한 건 이 두 가지 각오지. 이 각오만 가지고 있으면 창업은 간단해."

"그렇군요. '두 가지 각오'라…."

단순하지만 묘하게 설득력이 있다. 묻자마자 이런 대답이 나온다는 사실이 대단하다. 나도 스승님처럼 되고 싶다고 생각했다.

"아마도 이 사람은 이 질문을 한 당시에 '나는 주부니까 창업은 안 되겠지?' 하고 생각했겠지."

그랬다. 이 사람은 우리 가게에 몇 번이나 창업 상담을 하러 왔었는데, 좀처럼 첫발을 내딛지 못하고 있는 사람이었다.

"쇼와 시대나 다이쇼大正* 시대라면 주부라는 상황이 큰 장애물이었겠지. 하지만 지금 시대에는 주부라도 성공하는 사람이 점점 나오고 있어."

"그런가요?"

"그렇다네, IT가 발달하면서 가능해졌지. 인터넷이 전 세계로 이어지면서 수십억 단위로 돈을 버는 주부가 점차 나타나고 있다네."

앞에서도 썼지만, 2006년의 이야기다. 스승님 말씀대로 이 날로부터 17년이 지난 2023년 지금, 세계에 성공한 주부들이 점차 나오고 있다.

스승님은 이야기를 이어 나갔다.

"'나는 주부니까' 하고 할 수 없다는 핑계를 대고 있으면 어

....
• 다이쇼 일왕의 재임 기간에 사용한 연호로 1912년부터 1926년까지를 가리킨다.

렵게 느껴지겠지만, 만일 이 사람이 진심으로 두 가지 각오를 다지고 시작하면 반드시 성공할 걸세."

"이유가 뭔가요?"

"여성은 남성보다 매우 재주가 많다네. 청소하면서 친구와 전화 통화를 할 수 있고, 그 사이에 음식을 만드는 멀티태스킹 능력을 갖추고 있지. 그리고 여성은 무언가를 시작할 때, 시작 지점에서 돌진하는 능력은 남성보다 부족할 수 있지만 일의 즐거움을 알고 나면 점점 빠져들어 집중하는 사람이 많지."

"왠지 그런 것 같습니다."

"반면에 남성은 시작할 때 기세가 대단하지만, 조금 잘되기 시작하면 게을러지는 사람이 많아. 처음에는 남편이 창업해서 마지못해 돕기 시작했는데, 어느샌가 아내가 일에 빠져드는 가정도 적지 않다네."

정곡을 찔린 느낌이었다. 나도 시작해서 돌진하는 기세만 좋은 경향이 있다.

"그리고 창업도 일도 마찬가지지만, 손님은 그 사람이 주부든 사장이든 상관없다네. 자신을 행복하게 해주는 서비스를 제공하는 곳에 사람은 모이는 법이지."

"그렇다면 두 번째의 '자신을 행복하게 할 각오'는 무엇입니까?"

"남편이나 자녀만을 위해 살지 말 것. 자신의 인생을 제대로 바라보아야 한다는 말이네."

"그렇군요. 다만 현실적으로는 주부라면 제약이 많지 않을까요? 남편도 협조해 주어야 하고, 아이들도 보살펴야 하고요."

"분명 그렇긴 하지. 하지만 결국에는 그 또한 변명일 뿐이야. 진심으로 각오를 다지면 '○○ 때문에 할 수 없어'가 아니라 '그러면 어떻게 해낼까?' 하는 물음으로 바뀐다네."

"각오를 다지면 해낼 방법이 보인다는 말씀입니까?"

"그렇지. 인간이란 결심만 하면 알아서 행동으로 옮기는 존재니까. 예를 들어 남편이 쉬는 날이나 자녀가 학교에 가 있는 시간에 할 수 있는 일거리를 찾거나, 부부가 진지하게 이야기를 나눌 수도 있지. 인간이란 진심으로 생각하면 '할 수 있는 이유'가 갑자기 눈에 들어오거나 떠오르거나 한다네. 상황은 관계없어. 어찌 됐든 손님이 기뻐할 만한 것을 제공하는 사람이 이기지. 아내나 엄마로서가 아니라 한 사람의 인간으로서 행복을 손에 넣을 수 있다네."

"그렇군요."

"지금부터는 IT 기술이 발달해서 '개인의 표현 욕구'가 하늘 높은 줄 모르고 치솟을 걸세. 개인이 개인을 대상으로 하는 시장도 커져서 혼자 힘으로 대기업을 쓰러뜨리는 개인도 점점 생겨날 테지. 그렇게 되는 날의 무기는 정보라네. 이 분야는 여성이 잘하는 분야지."

시대를 읽는 스승님의 혜안에 나는 몇 번이나 도움을 받았다. 그 순간에는 이해하지 못해도, 시간이 지난 후에 돌아보면 거의 틀림없이 현실로 이루어졌다.

"시대란 말일세, 잘 관찰하다 보면 지금부터 앞으로 어떻게 펼쳐질지 쉽게 알 수 있다네. 질문자도 모쪼록 각오를 잘 다지면 좋겠군."

상대방의 좋은 점을
배우는 습관을 기르자

❝
　

라이벌에게 지기 싫습니다.

이길 방법을 알려주세요.

　
❞

"이 질문, 나라면 어떻게 대답할지 자네라면 이미 알고 있
겠지?"

"네, 언젠가 이자카야居酒屋*에서 알려주셨죠."

이 대답이 떠오른 이유는 바로 내가 이전에 이 질문을 그

----

* 일본식 선술집으로 술과 간단한 요리를 제공한다.

대로 한 적이 있기 때문이다. 부끄러움을 무릅쓰고 그날의 기억을 떠올려 보려고 한다.

"수고했네. 오늘도 듣느라 고생했네. 건배라도 하지."

"감사합니다. 솔직히 정신이 없습니다."

"그렇겠지. 가끔 이렇게밖에 만나지 못하니 한 번에 알려주는 정보량이 늘어나는군."

어느 날 강의가 끝난 후, 나는 스승님이 추천하는 이자카야에 가서 함께 술자리를 가졌다. 이 가게는 오래전부터 번화가 역 앞에 있던 매우 큰 가게로, 빈말로라도 좋다고는 하기 힘든 곳이었다. 서비스도 맛도 너무 평범했다. 하지만 가게는 계속 만석이었다. 솔직히 동종업계 종사자로서 내 눈에는 그 이유가 보이지 않았다. '도심지라 사람이 많아서겠지' 하며 터부시하는 동시에 마음 한편으로는 이런 곳과 비교해서 지고 싶지 않았다.

"이 가게 어떤가? 왜 잘되는 것 같나?"

취한 탓도 있었다. 어느 정도 술이 들어간 후, 스승님의 물음에 나는 이렇게 답했다.

"저… 모처럼 데려와 주셨는데 이런 말씀을 드려서 죄송하지만, 솔직히 왜 이렇게 잘되는지 모르겠습니다. 맛은 그럭저력 괜찮지만, 직원들도 평범하고요. 인구가 많아서일까요?"

그러나 스승님은 이렇게 말했다.

"그런 생각이라면 자네는 영원히 이 가게를 이길 수 없어. 왜냐하면 그건 전형적인 패배자의 사고방식이니까."

퍽하고 보이지 않는 망치로 머리를 한 대 얻어맞은 기분이었다. 얼근한 취기도 단숨에 사라졌다.

"이건 자네가 이기는 사람이 되는 데 아주 중요한 내용이니 기억해 두게나."

이렇게 이자카야에서 스승님의 임시 강의가 시작되었다.

일이 쑥쑥 느는 사람의 조건

"일이 느는 사람은 어떤 사람이라고 생각하나?"

"느는 사람이요? 그러니까…."

어떻게 대답해도 나의 대답은 정답이 아닐 것 같다는 생각이 들었다. 스승님도 그 사실을 간파했는지 말을 이어갔다.

"상대방의 좋은 점을 찾을 수 있는 사람이네."

"저… 이것도 녹음해도 될까요?"

"좋아. 다만 주변이 시끄러우니 내 옆에 녹음기를 놓게나. 되도록 큰 목소리로 말할 테니."

그러고선 스승님은 녹음기를 가져가 앞에 두었다.

"사람이란 경쟁을 통해서 성장하기도 하지만, 잘못된 방식으로 경쟁하면 자기 자신을 망치게 된다네."

아마 지금의 나도 그런 상태리라. 잠자코 스승님의 이야기를 들었다.

"누구나 라이벌이 있지 않나. 자네에겐 이 가게가 라이벌인 셈이지."

"네, 솔직히 지기 싫습니다."

"남자로서 그 정도의 기백은 있어야지. 다만 진정으로 이기고 싶다면 이 가게의 나쁜 점이 아니라 좋은 점을 필사적으로 찾아야 한다네. 그리고 좋은 부분을 잘 배워서 자네 가게에 활용해야지. 그렇게 할 수 있다면 자네는 언젠가 이 가게를 이길 수 있을 걸세."

"그런 관점에서 보면 저는 나쁜 면만 보고 있었습니다."

"누구나 흔히 겪는 일이네. 직장에 라이벌이 있다면 지기 싫기 마련이지. 그런데 그 감정을 어떻게 다스리는지에 따라 미래가 달라진다네."

일에서 지기 싫은 상대가 있거나 찔리는 구석이 있는 사람은 자기 일처럼 대입해서 읽어보면 좋겠다.

"지기 싫겠지. 그러니 상대방의 마이너스 부분이 아니라

플러스의 면을 찾아야 해."

"하지만 스승님, 인간이란 아무래도 시샘 어린 마음에 상대방의 결점부터 눈이 가는 법이 아닐까요?"

"그럴 테지. 하지만 아무리 상대방의 나쁜 점을 본다 한들 잠깐의 위안은 될 수 있을지 몰라도 성장하는 데는 아무런 도움이 되지 않아."

"저는 아무래도 그런 인간인 것 같습니다."

"이기고 싶다면 자기 자신에게 묻는 걸세. '상대방의 좋은 점은 무엇인가?' 하고. 시기하는 마음을 억누르고 상대방의 좋은 점을 배우고 받아들이는 것이지. 이렇게 할 수 있는 사람은 어떤 일을 하더라도 언젠가 라이벌을 이기는 법이네."

나를 분하게 하는 상대는
라이벌이 아니라 스승이다

음, 머리로는 이해했지만 아무래도 실천하기는 어려울 것 같았다.

"사실 라이벌이란 생각이 분한 마음을 먹게 만드는 이유라네."

"그런가요?"

"라이벌은 원래 적이란 의미지?"

"네, 한자로는 호적수好敵手라고도 하니까요."

"적으로 여기지 말고 '선생'이라고 생각하면 된다네. 주변에 있는 모든 사람이 자신에게 좋은 부분을 일러주는 선생. 상대가 어떻든 그렇게 생각한다면 자연스레 좋은 부분을 발견하게 될 걸세."

"라이벌이 아니라 선생이라는 말씀입니까?"

"어디까지나 자신이 마음먹기에 달렸다네. 사람을 그런 식으로 바라볼 수 있다면, 자연스레 배우게 되지 않겠나?"

"확실히 그렇게 생각하면 수월하게 배울 수 있겠네요."

"지금은 설령 상대에게 졌다고 하더라도 좋은 부분을 배우고 자기 것으로 만드는 습관을 들이면 자네는 언젠가 이기는 자가 될 수 있어. 졌을 때의 분한 마음보다 이기는 사람이 되기 위해 참으며 갈고 닦는 편이 훨씬 낫지."

그렇게 말하며 스승님은 웃었다. 지금도 그날 이자카야의 활기 그리고 이 사실을 가르쳐주며 취기로 붉어진 스승님의 얼굴이 선명하게 기억난다.

인간에게는 여러 감정이 있다. 질투도 그중 하나이리라. 다만 질투심에 눈멀어 타인의 결점을 찾을 것인가? 아니면 솔직하게 인정하고 배워서 자신을 성장시키는 에너지로 바꿀 것인가? 어느 쪽에 초점을 맞추는가에 따라 결과는 크게 달라진다. 어떤 상대라도 좋으니 그저 좋은 점을 배우는 습관을 꼭 들이고 싶다.

01 스승님이 알려준 말의 비법

왜 그 사람의 말은
마음을 울리는가?

    아침부터 강의가 이어져, 눈 깜짝할 새에 오후 3시가 되었다. 일문일답을 녹음하며 아니, 이 강의를 듣기 시작한 후로 계속 의문이 들었다. '왜 스승님의 말은 마음을 울리는가?' 하고 말이다.

    당시 내가 가장 고민하던 물음은 '전달'이었다. 어떻게 하면 직원들과 말이 통할까? 어떻게 말하면 잘 전달될까? 눈앞에서 그 비결을 몸소 보여주는 스승님께 물었다. 그리고 스승님의 대답이 이날 이후 나의 인생을 전달자로 크게 변화시켰다. 만약 지금 부하나 후배 등 이끌어야 할 사람이 한 명이라도 있는 리더라면 이 이야기가 많은 도움이 될 것이다.

"스승님, 어떻게 하면 스승님처럼 사람의 마음을 울리는 말을 할 수 있나요?"

잠시 뜸을 들인 스승님은 다시 말을 꺼냈다.

"그건 간단해. 단지 상대방이 행복해지는 데만 초점을 맞춰서 말하면 된다네."

"음, 단순해 보이지만 엄청 어려울 것 같습니다."

"처음에는 다 그렇지. 하지만 익숙해지면 누구나 할 수 있다네. 중요한 건 '의식하는 것'과 '경험의 숫자'일 뿐이지."

'단지 상대가 행복해지기를 바라며 말한다'라니. 대체 그게 무엇일까? 스승님께 묻자 이런 이야기를 들려주었다.

"사람을 봐서 설법하라는 말이 있는데, 들어본 적이 있나?"

"아뇨, 처음 듣습니다."

"일설에 따르면 석가모니의 말이라고 하더군. 말할 때 우선 상대방의 상황, 감정, 이해력과 같은 역량을 파악한 후에 상대방에 맞춰서 말하는 것이 중요하다네."

"상대방을 파악해야 한다는 건가요?"

"그래. 초등학생에게 대학생 수준으로 이야기하면 전혀 알아듣지 못할 것이고, 반대라면 너무 쉬워서 듣지 않겠지."

"네, 맞습니다."

"목표는 어디까지나 상대방에게 전해지도록 이야기를 하는 것이라네. 그러니 상대방을 생각해서 말할 때는 '어떻게 말하면 잘 전달될까?'를 진지하게 생각해야 하지."

"그렇게 생각하고 말하는 건 어떻게 말하는 건가요? 특징 같은 것이 있습니까?"

"이해하기 쉬운 표현을 쓰게 되지."

그렇구나. 스승님의 이야기는 정말 이해하기 쉽다. 이 이야기는 나 자신을 비롯하여 우리 가게의 직원이나 일문일답의 질문자에게도 항상 말하는 내용이다.

의사를 표현할 때
자아를 뺄 수 있는가?

"하지만 많은 사람은 말할 때, 벡터vector가 자신을 향하고 만다네. 그러니 자아가 튀어나와 상대에게 잘 전달되지 않지."

"벡터요?"

"그래. 쉽게 말하자면 '얼마나 있어 보이게 말할까?' 하고 의식하는 것을 말한다네. 그렇게 되면 갑자기 이야기의 깊이가 얕아지지. 그리고 표현이 어려워져. 고생담을 줄줄 늘어놓게 되고."

"자랑도 그래서 하는 걸까요?"

"그렇지. 자칫하면 이야기가 그렇게 흐르기 마련이라네."

• 스칼라는 크기만을 나타내는 물리량이나, 벡터는 크기와 '방향'을 동시에 나타내는 개념이다.

마치 내 이야기를 하는 듯했다. 눈앞에 있는 사람에게 저도 모르게 젠체하며 말하려고 하는 버릇이 있었다.

"나도 공부라면 꽤 했고, 사업도 그럭저럭 굴리고 있으니 잘난 이야기는 얼마든 들려줄 수 있지. 가령 지금 자네에게 '어떻게 꿈을 이룰 것인가?' 하는 이야기도 할 수 있고. 하지만 자네는 그 꿈 자체가 보이지 않아서 고민이라 이렇게 나를 찾아온 게 아닌가?"

그렇다. 만일 스승님이 '꿈을 이루는 법'에 관한 내용으로 강의를 시작했다면 나는 일찌감치 도망쳤을 것이다. 스승님은 이야기를 이어 나갔다.

"TV에 성공한 사람이 나와서 그럴싸한 이야기를 하곤 하지. 하지만 그걸 보면 나는 화가 난다네. 그 사람은 분명 그런 식으로 성공했겠지. 하지만 초인적인 업적을 달성할 수 있는 사람은 정말 몇 안 되는 천재뿐이라네."

"그런 사람들이 하는 말을 들으면 '대단하네' 싶으면서도 동시에 열등감이 몰려올 때도 있습니다."

"뭐, TV 프로그램 연출상 대단한 이야기가 아니면 모양새가 나오지 않으니 그렇겠지만, 천재들이 하는 말을 많은 사람이 그대로 받아들이니 실패하는 걸세. 천재들의 이야기를 듣고 성공하는 건 극히 일부의 천재뿐이지."

"저는 너무나 평범한 사람입니다. 평범한 사람에게 천재의 말은 너무 거리감이 느껴져요."

"괜찮아. 대부분 사람은 범인凡人이니까. 세상에 어떤 메시지를 전하고 싶은 사람은 이 사실을 잘 알았으면 좋겠네. 예를 들어서 사업으로 100억 엔 기업을 일구었다든지, 사상 최고의 기록을 냈다든지 하는 사람이 '꿈이 없으면 성공할 수 없다'라고 말하면 그럴싸하게 들리는 법이지. 그러나 보통 사람은 아무리 꿈이 있다고 한들 그런 일을 해낼 수 없으니 저들의 그런 뜬구름 잡는 소리를 들으면 나는 화가 난다네."

알 수 없는 사람이다. 일본 역대 납세 1위라는 사상 최초의 쾌거를 달성한 사람이 할만한 이야기로는 도무지 보이지 않는다.

그러고 보면 '나는 이런 고생을 했다네'라든지 '나는 이렇게 해서 성공했다네' 하는 이야기를 한 번도 들은 적이 없다. 스승님의 입에서 나오는 말은 '어떻게 하면 듣는 상대방이 성공할 수 있는가?' 뿐이었다.

"상대방에게 이야기할 때는 자아를 넣어선 안 된다네. 어떻게 하면 눈앞에 있는 사람의 자기 존중감이 높아질지, 어떻게 말하면 듣는 사람의 마음이 편해질지, 어떻게 이야기하면 상대방이 지금보다 더 좋아질지, 그것에만 집중해서 이야기해야 한다네."

뉘앙스는 알겠다. 그러나 이때 나는 그 진의를 전혀 이해하지 못했다.

"앞으로 자네가 크게 성공한다고 하더라도, 그래서 이야기를 하는 쪽이 된다고 하더라도 이 점은 잊지 말게나. 일부 천재들만 이끄는 천재가 아니라, 평범하게 살아가는 사람의 마음이 밝아지는 이야기를 할 수 있는 사람이 되길 바라네."

이는 눈앞에 이끌어야 할 사람이 한 사람이라도 있는 리더 모두에게 해당한다. 예를 들어 눈앞에 고민하는 사람이 있을 때. 후배가 인생길에서 헤매다가 고민을 토로하러 왔을 때. 사람들 앞에서 무슨 말이든 해야만 할 때. 그럴 때 나 자신을 잊고 상대방의 행복에 초점을 맞춰서 이야기할 수 있는가. 리더에게 중요한 것은 역시 '얼마나 상대방을 생각하는가?' 하는 힘이 아닐는지. 지금 내가 이렇게 오랫동안 책을 쓰고 강연 활동을 할 수 있는 것은 스승님이 알려준 말하는 비법 덕분이라고 확신한다.

그건 간단해.
단지 상대방이 행복해지는 데만
초점을 맞춰서 말하면 된다네.

"'왜'라는 부분이 흔들리지 않고
단단해지면 언젠가 자네가
진정으로 하고 싶었던
일이 보이기 시작할 걸세."

4장 일이 잘 풀리는 사람의 법칙

'매력'에 대해
진지하게 고민해 본 적이 있는가?

처음 스승님의 사무실을 찾은 그날 이후, 얼마나 많은 것을 배웠는지 모른다. 스승님의 입에서 나오는 한 마디 한 마디가 나에게는 매우 신선하고 색다른 내용이었다. 사업가로서 어떻게 일어서야 하는가? 남자로서, 인간으로서 어떻게 살아가야 하는가? 그리고 이번 강의의 주제인, 일에 대해 어떤 마음가짐을 가져야 하는가? 한마디도 흘려듣지 않고 모조리 흡수하려고 노력했다. 그런 나에게 스승님은 아낌없이 수많은 지혜를 전수해 주었다. 그 가르침 한 마디 한 마디가 마치 메마른 사막에 물이 스며들 듯, 온몸으로 들어왔다. 허락을 얻어 스승님의 강의를 녹음해, 나카쓰에 돌아와서도 몇 번이고 반복해서 들었다. 그리고 내가 할 수 있는 일부터 하나씩 실천해 나갔다.

대체 무엇이 바뀌었나? 분명히 말할 수 있는 건 내 앞에 서서히 한 줄기 빛이 보이기 시작했다는 사실이다. 쉬는 동안 나는 그렇게 지난날을 돌이켜보았다.

"자, 일한다는 게 뭔지 조금 더 본질적 내용을 알려주겠네. 지금부터는 일이 잘 풀리는 사람들의 법칙이야. 리더를 대상으로 하는 이야기인데, 괜찮겠나?"

"그럼요, 저도 지금 리더인걸요. 어떤 사람이든 언젠가 리더가 된다고 생각하기 때문에, 나중에 다른 사람에게 스승님의 이야기를 전해주고 싶습니다."

"좋아. 자네의 말을 듣고 보니 누구나 언젠가는 리더가 될 테지. 그럼 시작해 볼까?"

"스승님, 괜찮으신가요? 조금 더 쉬셔도 됩니다."

"괜찮네. 자네가 보통 규슈에 있어서 잘 만나지 못하니 한꺼번에 듣느라 힘들 걸세. 자네야말로 괜찮은가?"

"물론입니다. 잘 부탁드립니다."

내가 스승님을 만나러 가면 스승님은 꼬박 하루를 할애해 아침부터 밤까지 진지하게 이야기를 들려주었다. 그리고 보면 말하는 스승님이 더 피곤했을 것이다. 이렇게까지 해주는 스승님의 마음에 보답하기 위해 나 역시 한 마디 한 마디 놓치지 않겠다는 마음가짐으로 자세를 가다듬었다.

"지금부터는 어떻게 하면 구체적으로 일이 잘되는지 이야기하지. 그건 그렇고, 자네는 인간의 매력에 대해서 진지하게 생각해 본 적이 있는가?"

"아니요. 그렇게 깊이 생각한 적이 없습니다."

"사실 사람은 좀 더 진지하게 '매력'이라는 녀석을 고민해야 해. 나는 학교 수업에서 가르쳐도 될 정도라고 보네."

"'매력'이라….'

"그래, 매력. 매력만 있으면 일이든 인생이든 대부분은 술술 풀리는 법이지. 하지만 사람들은 이 주제를 파헤치지 않고 등한시하지. 정말 안타까운 일이야."

'매력을 수업 시간에 가르친다'면, 가르치는 사람에게 매력이 없을 경우에는 당연히 잘 전달되지 않을 것이다. 그렇다면 매력이란 대체 뭘까? 스승님께 묻자, 이런 대답이 곧장 되돌아왔다.

"매력을 한 마디로 설명하자면 '또'라고 할 수 있지."

"네?"

'또?' 머릿속에 물음표가 열 개는 족히 떠올랐다.

"'또 보고 싶다', '또 가고 싶다', '또 듣고 싶다' 상대방이 그렇게 생각하게 하는 힘. 그게 바로 매력의 정체라고 생각한다네."

"'또'를 향해 가다 보면 필연적으로 매력적인 사람이 된다는 말씀인가요?"

"그래. '또'를 추구하면서 자기 자신을 갈고닦아 나가면 어떤 일이든 성공할 수 있어."

"무엇을 하더라도 성공할 수 있단 말씀입니까?"

스승님께 되물었다.

"그럼, 무엇을 하더라도. 그러니 일이 잘되지 않을 때는 자기 자신에게 질문을 던져보게나. '나는 '또'를 추구하고 있는가?' 하고."

단순하지만 깊이 있는 말이었다.

'또 만나고 싶은' 사람의 규칙

'또'를 추구하기. 이건 경영자뿐만 아니라 모든 사람에게 해당한다. 예를 들어 무언가를 부탁할 때마다 귀찮아하는 기색을 보이는 사람에게 '또 무언가를 부탁하고 싶다'라고 생각하지 않는다. 전혀 웃지 않는 직원이 있는 가게에 '또 가고 싶다'고 생각하지 않는다. 만날 때마다 싫은 소리를 하는 사람을 '또 보고 싶다'라고 생각하지 않는다. 자기 이야기를 전혀 듣지 않는 사람에게 '또 이야기하고 싶다'고 생각하지 않는다.

그렇게 보면 업무뿐만 아니라 인간관계를 포함해, 일이 잘 풀린다는 것은 어쩌면 아주 단순한 구조인지도 모르겠다고 생각했다.

"일을 원활하게 진행한다는 건 '매력적인 사람이 된다'와 같다는 말씀이죠? 뭔가 간단해 보이네요."

내가 말하자, 스승님은 고개를 끄덕이며 말했다.

"자네 말대로야. 그리고 매력적인 사람이 되는 방법은 아주 간단하지."

"구체적으로 어떻게 하면 매력적인 사람이 될 수 있나요?"

"간단하네. 감정의 달인이 되면 돼."

'감정의 달인' 또 명언이 튀어나왔다.

"세상은 언뜻 겉으로 보이는 것들이나 논리, 이치에 따라서 움직이는 듯하지만, 사실은 감정에 따라 움직인다네. 회사도 정치도 경제도, 모두 그 바닥에는 사람의 감정이 있지. 그 점을 정확히 꿰뚫어 보는 사람, 그 사람이 바로 감정의 달인이야."

"그렇군요. 저도 '감정의 달인'이 되겠다는 목표를 세우겠습니다."

"스님, 편의점 점원, 유치원생, 연세 많은 할머니 할아버지까지 자네 눈앞에 있는 모든 사람이 원하는 것은 자신의 이득일세. 다른 표현으로 하면, 누구나 행복해지고 싶어 한다는 거지."

이 말에 이의를 제기하는 사람은 아마 없지 않을까 싶다.

"누구나 행복해지려고 살아가지 않나? 그러니 다들 이득을 보고 싶어 하지. 이득을 추구하는 감정은 우리 인간의 뇌 대부분을 차지한다네. 일이 잘되기를 원한다면 '상대방의 감정을 읽는' 데 초점을 맞추면 된다네."

'업무 능력'이 느는 사람,
늘지 않는 사람

"일을 잘하는 사람의 다음 법칙으로 넘어갈까? 이건 특히 노력형인 사람이 알아두면 좋은 이야기일세. 자네도 해당할지도 모르겠군."

"네, 새겨듣겠습니다."

"사람은 일할 때 제각각 레벨이 있어. 몇 사람분의 일을 혼자서 해내는 사람이 있는가 하면, 자기 몫도 혼자 제대로 해내지 못하는 사람이 있지."

"네, 사람에 따라서 차이가 있습니다."

"이걸 쉽게 '업무 능력'이라고 표현하지."

업무 능력, 누구나 높이고 싶은 능력이 아닐까.

"개인 능력이 높은 사람은 언뜻 대단해 보이지만, 그런 사람이 잘 빠지는 함정이 있어."

"함정이요? 그게 뭔가요?"

"다른 사람을 잘 믿지 못해서 일을 맡기지 못해. 자기가 하는 게 빠르다며 독선에 빠지기 쉽지."

듣고 보니 머릿속에 번득 몇 명이 떠올랐다.

"자칫하면 주변 사람이 보기에 고집이 센 사람으로 비치기 마련이지. 주변 사람도 같이 일하기 힘들어하고, 가르치기도 힘들어. 그러니 어느 정도 선에서 성장이 멈춰버리지."

"어떤 사람인지 알 것 같습니다. 저도 직원 중에 생각나는 사람이 있어요."

얼마나 주변 사람의
능력을 활용할 수 있는가

"능력이 있어도 일이 잘 풀리지 않는 사람은 대체로 어떤 경향이 있는지 알고 있나?"

"방금 말씀하신 것처럼 뭐든 혼자서 하려는 태도 아닐까요?"

"맞아. 좀 더 들어가 보면 일이 잘 풀리지 않는 사람은 '일은 개인 능력 싸움'이라고 생각해서 결국엔 자기 스타일을 고집한다네. 자기 스타일을 바꾸지 못한다고 할 수 있지."

"그렇군요."

"하지만 아까 말한 대로 솔직하고 유연성이 있는 사람은 한계를 모르고 성장한다네. 일이란 '자기 주변 사람을 얼마나 활용할 수 있는가?'에 따라서 달라지는 법이거든."

"'주변 사람의 힘'이라…."

"예를 들어, 자네가 새로운 일을 시작했다고 하면 나는 당연히 자네에게 조언을 해줄 걸세."

"엄청나게 감사하고 든든할 것 같습니다."

"만일 내 조언을 자네가 가감 없이 받아들여 준다면, 자네가 지닌 업무 능력에 내 업무 능력을 보태는 셈이 되겠지."

내가 지닌 힘에 스승님의 힘이 더해진다. 그렇다면 못 할 일이 없을 것만 같다. 나도 모르게 실실 웃음이 삐져나왔다.

"주변 사람의 지혜를 활용할 수 있다는 말은, 사람들의 숫자만큼 자신의 업무 능력이 높아진다는 이야기일세. 하지만 반대로 활용하지 못하는 사람은 아무리 애를 써도 자기 능력 범위 내에서 끝날 뿐이네."

"저… 사람들의 힘을 제가 이용해도 되는 건가요?"

"물론이야. 하지만 안타깝게도 자기 능력에 어설픈 자신감을 가진 사람은 '이렇게 하면 잘될 거야'하고 아무리 조언을 건네도 '그 방법이 정말 맞나요?'라든지 '왠지 저한테는 안 맞을 것 같아요' 하면서 다른 사람의 힘을 활용하지 못하고 자기 생각을 고수하지. 하지만 진짜 잘나가는 사람의 방법을 그대로 따라 하는 편이 더 잘되는 경우가 많다네. 잘되는 방법을 이미 알고 있는 사람이니까."

"따지고 보면 저도 제 스타일을 고집하는 타입입니다. 왜냐하면 다른 사람이 말한 대로 해서 잘되면 그건 제 실력이 아닌 것 같아서요."

"그렇게 고지식하게 생각할 필요 없어. 주변 사람의 힘을 받아들이고 잘되면, 전부 자네의 실력이야."

2대째, 3대째 후계자에게
전하고 싶은 말

"주변 사람의 힘이라는 의미라면 후계자도 해당하겠죠? 2
대째, 3대째는 아무리 성공해도 '부모의 후광'이라는 소리를
듣기 마련인데, 이건 어떤가요?"

"내 식대로 말하자면, 부모의 힘을 이용할 수 있으면 그건
모두 그 사람의 실력이지. 후광이라는 말은 결국 주변 사람
의 질투나 시샘에 지나지 않아. 그런 말에 휘둘리지 않고 쓸
수 있는 수단을 써서 고객에게 만족을 줄 수 있는 사람이 업
무 능력이 높다고 할 수 있지."

"그렇군요. 대를 이었든 창업주든 손님에게는 상관없죠."

"맞아. 가진 수단을 쓰지 않고 '선대의 방식은 이제 낡았어.

난 내 방식대로 하겠어' 하는 후계자가 많은데, 그럴 거라면 처음부터 혼자서 다시 시작하면 될 일이지."

"스승님 말씀을 듣고 보니 그런 것 같아요."

"분명 시대는 변해가니 선대의 방식이 당연히 낡았을지도 몰라. 하지만 생각해 보면 그 낡은 방식 덕분에 지금 이 자리도 있을 수 있지. 그 사실을 잊는다면 일이 잘되지 않는다네."

오래됨을 부정하지 않고 오래된 덕분에 지금의 나 자신이 있다고 생각하기. 그렇구나. 그렇게 생각하면 지금 우리 생활을 지탱하는 것들도 모두 과거 사람들 덕분에 생겨났다는 사실을 다시 깨달을 수 있다.

"부모가 만들어 준 토대 위에서 시작해 놓고 '부모 시대의 방식을 이해할 수 없다'라면서 잘난 체하니 실패하는 걸세. '아버지, 지금까지 감사합니다. 지금껏 일군 것을 더욱 발전시키겠습니다' 하고 말할 수 있는 사람이 진정 후계자로 성공할 수 있다네."

내 주변에도 선대와 싸우는 후계자가 적지 않다. 고향에 돌아가서 고민 끝에 우리 가게에 의논하러 오는 후계자들에게 이 이야기를 들려줘야지, 나는 그렇게 생각했다. 물론 시대에 맞게 바꿔야 하는 부분은 바뀌어야 한다. 하지만 그렇다고 선대가 일군 모든 것을 철저하게 부정할 필요는 없다. 좋은 부분을 남기면서 시대에 맞춰 새로움을 만들어 낸다. 그런 의미에서 '불역유행不易流行˙'이라는 말은 시대를 막론하고 어느 시대에나 해당하는 중요한 진리다.

"'업무 능력이 높은 사람은 주변 사람의 지혜를 순수하게 받아들여 활용할 수 있는 사람'이라고 하셨죠. 여러 사람의 힘을 빌려 일을 잘 해내는 게 더 효율적인데, 왜 결과가 아닌 방식 면에서 자기 스타일을 고집하는 걸까요?"

"제일 중요하게 기억해야 할 함정이지. 그건 바로 명예욕이야."

"'명예욕'…."

"제일 성가신 문제지."

명예욕. 여기부터는 다시 스승님이 지금껏 누구에게도 가르쳐준 적 없는 자신의 희미한 기억을 언어로 표현해 주었다. 가슴 속에서 형언할 수 없는 두근거림, 아니 두려움이 솟아났다.

....

• 바꾸지 않으면서 변한다는 뜻으로, 변함없는 원칙을 지키면서도 시대와 상황에 맞게 혁신함을 이르는 말.

꿈과 허영을 혼동해서는 안 된다

명예욕. 지금부터 나오는 이야기는 경영자뿐만 아니라 갓 창업한 사람, 회사에서 더 윗자리를 목표로 하는 직장인, 나아가 모든 사람에게 해당하는 이야기이니 부디 자신의 상황에 비추어 읽어나가기를 바란다.

"오늘 아침에는 무리해서 꿈을 가질 필요가 없다고 이야기했네."

"네, 덕분에 마음이 가벼워졌습니다. 우선은 꿈이 아니라 일에서 '이유'를 분명하게 해보려고 합니다."

"그걸로 충분해. '왜'라는 부분이 흔들리지 않고 단단해지면 언젠가 자네가 진정으로 하고 싶었던 일이 보이기 시작할 걸세. 내가 꿈을 그다지 권하지 않는 이유가 한 가지 더 있다네. 특히 젊을 때는 꿈이 허영으로 변질되기 쉽기 때문일세."

"방금 말씀하신 명예욕인가요?"

"맞아. 명예욕만 좇으면 지금껏 잘되던 일이 수포가 되는 경우가 너무나 많아."

"더 자세히 말씀해 주십시오."

"그래. 자네는 음식점을 하고 있다고 했지."

"네."

"사업이 잘되면 주변 사람이 점점 자네를 치켜세울걸세. '사장님, 대단하십니다', '이 가게라면 어디서든 통할 겁니다. 전국 체인으로 키우시죠' 하고 말일세."

스승님은 어딘가에서 원격장치로 나를 지켜보기라도 한 걸까? 실은 얼마 전, 히나타야 창립 기념식을 기점으로 그런 이야기가 점점 들려오던 참이었다. 이 사실을 말씀드리자, 스승님은 '그 정도는 이미 다 알고 있다네' 하는 식으로 말을 이어 나갔다.

"그게 바로 속임수야. '아무리 달콤한 유혹이라도 당신은 눈앞의 해야 할 일에 집중할 수 있는가?' 하는 일종의 시험이지. 하지만 사람들 대부분 이 시험에서 실수를 저지른다네. 대부분 '더 대단한 일을 해내겠다'라며 호언장담하게 되지. 그럴 수밖에 없는 게, 주변 사람이 대단하다고 해주고 어르면 기분이 좋아지니까."

네, 이미 기분이 좋아졌죠. 그렇게 주변에서 그런 듣기 좋은 소리를 해준 적이 없으니까요, 마음속으로 나는 이렇게 속삭였다.

"이쯤 되면 많은 경영인이 도통 이해할 수 없는 큰 목표를 떠벌리기 시작한다네. '우리는 3년 이내에, 전국에 100개 매장을 내고 일본 요식업에 혁명을 일으킨다!' 하는 부류의 선언이지."

그야말로 내 얘기였다. 뜨끔해서 스승님의 말씀에 맞장구를 칠 수 없었다.

"명예욕에 사로잡혀서 현실감 없는 말을 남발해서는 안 돼. 끝까지 한 걸음 한 걸음 걸어가야 하네. 무리하게 확장할 필요 없어. 그렇게 하지 않아도 사람들이 필요로 하는 곳으로 만들면, 아무리 제동이 걸려도 저절로 커지기 마련이니까."

대단하다고 인정받으려는
마음의 지옥

"명예욕에 관련된 이야기인데, 실은 이 세상에도 지옥이 있어. 그리고 살아가면서 많은 사람이 저도 모르는 사이에 이 지옥에서 살아가지. 그걸 바로 '대단하다고 인정받으려는 마음의 지옥'이라고 한다네."

"'대단하다고 인정받으려는 마음의 지옥'이요?"

여러 가지를 떠올려 봤지만 이해하기 힘들었다.

"다른 사람에게서 더 '대단하다'라는 말이 듣고 싶어서 돈이나 지위에 집착하는 지옥이지. '대단함'을 좇다가 빠지는 지옥을 말한다네. 이 지옥은 도처에 널렸어."

"아, 그런 의미였군요. 무슨 말인지 알겠습니다."

"가령 '요트가 있으면 대단하다고 해주겠지, 더 멋진 차를 갖고 싶어, 더 유명해져서 대단하다는 말을 듣고 싶어' 하는 그런 마음이지. 자네는 찔리는 데가 없나?"

많다. 이 이야기를 들은 2006년은 때마침 음식점 사업도 궤도에 오른 무렵이어서 '이제 슬슬 좋은 차도 좀 타볼까?' 하려던 참이었다. 딱히 갖고 싶은 차가 있었던 것도 아니다. 그저 멋진 차를 타는 모습을 주변 사람에게 보여주면 다들 부러워하겠지, 하고 막연히 상상한 탓이었다. 그래서 더욱 뜨끔했다. 솔직하게 스승님에게 털어놓았다.

"고급 차를 사면 안 된다는 게 아닐세. 물론 그런 차는 승차감도 좋고 안전하지. 그 때문이라면 마다할 이유가 없지만, 단지 다른 사람에게 자랑하기 위해 사는 거라면 그만두는 편이 좋다는 말일세."

"사지 않겠습니다."

"아하하. 아직 확실히 이르긴 하지. 아직 사업만 해도 돈 나갈 구석이 많을 테니. 알겠나? 세상이 부러워하는 것에 너무 가치를 두지 말게. '대단하다고 인정받으려는 지옥'으로 향하는 입구니까."

이때 나는 아무런 의심 없이 지옥의 입구에 서 있었다. 아니, 이미 들어선 참이었다. 스승님이 말해주지 않았더라면 완전히 그 세계의 주인이 되었을 것이다.

명예욕에 사로잡혀
소중한 것을 놓치지는 않았나?

"특히 젊을 때는 어설프게 일이 잘 풀리면 덩치를 더 크게 키우려 무작정 남을 따라서 상인회를 기웃거리거나 인맥을 만든답시고 골프나 치러 다니면서 본업을 소홀히 하는 사람이 많아. 그렇게 가장 소중한 직원과 고객을 잊어버리게 되지."

마침 상인회에 들어오라는 권유를 받고 고민하던 찰나였기에 속으로 뜨끔했다.

"아무리 사업이 잘 풀린다고 해도 말이야, 어떻게 하면 눈 앞의 고객에게 더 만족을 줄 수 있을지를 항상 생각해야 한다네. 그것만 생각하면 돼. 고객이 좋아하면 더 찾아 주지 않겠나? 그러니까 경영자는 직원들이 만족하면서 일하고, 고객이 더 만족할 일에만 집중하면 된다네."

"단순하네요."

"그래, 단순해. 명예욕에 넘어가지 않고 꿋꿋하게 살아가다 보면 누구든 단순하게 살 수 있다네. 학교 선생님도 말이지, 학생이 그 무엇보다 소중한 고객 아니겠나? 그 애들이 진정으로 기뻐하려면 어떻게 하면 될지 생각하면 돼. 정치인도 세금을 내주는 건 국민이지. 국민을 어떻게 행복하게 해줄지, 그것에만 집중하면 된다네."

"이런 이야기를 들을 기회가 거의 없으니 그런 생각을 못 하는 것도 당연하네요."

"그래서 나는 책이나 강연을 통해서 '사람은 모름지기 큰 목표를 좇으면 안 된다'라고 말한다네. 큰일을 이루려다 보면 세상이 싫어할 만한 짓을 저도 모르게 저지르기 마련일세. 그것보단 사소한 목표를 위해서 얼마나 최선을 다할 수 있는지가 중요하지."

"예를 들면 어떤 걸까요?"

"지금 자신이 할 수 있는 것을 하는 수밖에 없어. 할 수 없는 일을 하려는 사람도 있지만 괴롭기도 하고, 무엇보다 불

가능하지."

"저는 항상 그런 일에 덤볐다가 깨져요."

"큰일을 이루려고 하니까 그런 거라네. 중요한 건 규모를 키우는 것보다 계속하는 걸세. 그러니까 지금 할 수 있는 것에만 집중하면 되지. 그러다 보면 할 수 없는 일도 점차 할 수 있게 되니까. 무슨 말인지 알겠나?"

대단함을 고집하는 사람이
빠지는 함정

'대단하다는 칭찬을 듣고 싶은 지옥', 듣다 보니 재밌어서 다른 사례도 물어보기로 했다.

"또 어떤 경우가 있나요?"

"흠. 예를 들어서 '네가 우리 동네 최고야. 그러니까 상인 회에 들어와서 지역 상권을 위해서 힘써줘' 하는 말에 홀랑 넘어가서 사업과는 관계없는 활동에 매달리는 거지. 당연히 현장에 거의 안 나가게 된다네."

"흔히 있는 일이죠."

"또 눈이 번쩍 떠지게 이익이 좋다는 수상한 투자 이야기 에 홀라당 넘어가기도 하지."

"스승님, 함정에 빠지지 않게 정신을 차릴 테니 더 얘기해 주시길 부탁드립니다."

"쉬운 예로, 회사에서 부하가 아부를 떤다거나 술자리에서 이성에게 지나치게 치켜세운다거나 하는 식이지. 그러면 다들 신이 나서 샴페인을 터트린다네. 하지만 그건 존경심에서 우러난 행동이 아니라 출세나 돈에 눈이 먼 것뿐일세."

왠지 웃음이 터져 나왔다.

"그리고 그 지옥에 사는 사람은 사람 대하는 법에도 분명하게 드러나기 마련이야."

스승님은 말을 이어 갔다.

"어떻게 말입니까?"

"자기한테 득이 되는 사람한테는 얼씨구나 하고 들러붙지만, 득이 되지 않는 사람한테는 겉으로 드러날 정도로 막 대하게 된다네. 그렇게 정말 중요한 사람이 말없이 떠나가는데도 모르고 있다가 알아차리고 나면 버스는 떠나고 없지."

그런 사람은 내 주변에도 있다. 그렇게 되지 않도록 나도 정신을 바짝 차려야 한다.

일이 잘 풀릴 때
어떻게 행동할지 예습해 두자

"여러 예를 들었는데, 만일 이 중 하나라도 해당한다면 이미 명예욕의 시험에서 떨어졌다고 보면 되지. 그 상태에서 하는 말은 아무리 그럴싸해 보여도 꿈이 아니라 허세일 뿐이니까."

'꿈이 아니라 허세' 한 끗 차이다. 그 말이 마음에 콕 박혔다.

"특히 젊을 때는 그런 데 열을 올리고 떠들고 있을 여유 따윈 없어. 그보다도 어떻게 고객을 만족시키고 직원이나 부하에게 잘해줄지 집중해도 시간이 모자라는데, 대다수 사람이 헛다리 짚다가 쓴맛을 보게 되지."

"근데 왜 다들 명예에 눈이 머는 걸까요?"

"그건 말이야, 예습을 안 해서 그렇다네."

"예습이요?"

"맞아, 시험 치기 전에 예습을 잘했으면 '아, 이거 함정 문제구나' 하고 알아차릴 수 있지 않나?"

"네, 걸려들지 않고 잘 풀겠죠."

"마찬가지라네. '지금 하는 사업이 잘 풀리기 시작하면 반드시 유혹이 다가올 것이다' 하고 처음부터 염두에 두고 있으면 함정에 빠지지 않고 넘어가겠지. 반대로 유혹이 많다 싶을 때 '사업이 순조롭게 풀리고 있군' 하고 자신감을 가지고 한층 더 고객과 직원들이 좋아할 만한 일을 생각하면 돼. 중요한 건 그것뿐일세."

"그렇군요. 미리 알려주셔서 감사합니다."

"무슨 말인지 알겠나? 좀 잘나간다고 으스댈 게 아니라네. 드디어 자네가 성공했다고 하지. 그럼 분명히 주변 반응이 달라질 걸세. 악의 없이 자네를 추어올리겠지. 그때도 지금과 변함없이 눈앞에 닥친 일에 집중하면 된다네. 아무리 상황이 달라져도 지금과 태도가 달라지지 않는다면 그것만으로도 '저 사람은 저렇게 성공했는데도 변하지 않네' 하고 존경할 거라고. 간단하지."

"네, 무슨 말인지 알겠습니다."

"지금처럼만 싹싹하게 사람을 대하면 돼. 그리고 그 위에 성과를 쌓아 올리는 거지. 그 틈이 벌어질수록 자네는 더욱 매력적으로 보일 걸세."

"네. 제 미래를 위해서 더 많은 이야기를 듣고 싶습니다."

"그 전에 잠시 쉬면서 뭐 좀 먹을까 하는데. 배고프지 않나?"

"네, 머리를 써서 그런지 배가 조금 고픕니다."

"그렇군. 자, 냉장고에서 간식거리를 가져오지."

스승님은 사무실 직원에게 '냉장고'에서 간식거리를 가져오라고 했다.

이 세상의 가게는
모두 나를 위해 존재한다?!

이 '냉장고'의 존재를 처음 알았을 때, 나는 큰 충격을 받았다. 2005년 여름, 처음 스승님의 사무실을 찾았을 때의 일이다.

"규슈에서 오느라 힘들었지? 멀었겠군. 저, 일단은 먹을거리와 시원한 음료를 냉장고에서 좀 내어다 주게나."

사무실 직원이 밝게 '네'하고 대답하고는 건물을 나섰다.

"저… 여기 말고도 사옥이 있습니까?"

"없는데 왜 그러나?"

"아니 그게, 지금 직원분이 밖으로 나가서요."

"아아, 여기에는 냉장고가 없어. 길 건너에 엄청나게 큰 냉장고가 있지."

"길 건너편에요?"

"그래. 건너편에 편의점 못 봤나? 그게 우리 냉장고일세."

그렇구나. 일본 제일가는 장사꾼이라면 편의점 한둘쯤은 가지고 있어도 이상하지 않지. 스승님의 편의점인 줄 알고 그렇게 말했더니 스승님은 편의점 사장이 누군지도 모른다고 했다.

"냉장고란 게 아무래도 갖고 있으면 불편하다네. 아무리 큰 최신형을 사도 넣고 싶은 것을 다 넣을 수 없으니 말일세. 반드시 못 넣는 물건이 생기기 마련이지. 하지만 편의점 정도의 큰 냉장고라면 뭐든지 있지. 그래서 여기에는 냉장고가 없다네."

"아….".

"우리를 위해서 다른 사람이 건물이나 냉장고, 상품을 관리해 주는 거지. 우리는 돈만 낼뿐이야. 그렇다면 전국의 장사는 모두 나를 위해 준비된 것이라는 뜻인 게지. 이렇게 생각하면 얼마나 마음이 풍요롭겠나?"

냉장고도 없는 억만장자. 소유에 조금의 미련도 두지 않는 대부호. 나는 이때 처음으로 스승님이 정말 대단한 분이란 사실을 발견했고 감동으로 가슴이 찌릿했다. 이 사람의 이야기와 사고방식을 더 듣고 싶다고 생각했다.

'대통령도 연예인도 무명의 젊은이도 모두 대등하다'라는 가치관

이때의 일을 떠올리며 나는 '냉장고'에서 가져온 케이크와 차를 마셨다.

"편의점 디저트는 참 맛있군."

"네, 스승님께서 주신 거라 더 맛있습니다."

"자네처럼 이렇게 같이 간식을 먹는 것만으로 좋아해 주는 사람을 보면 참 고맙다네."

"스승님처럼 유명하신 분이 저 같은 풋내기에게 이렇게 잘 해주시니 너무 감사한걸요."

"무슨 말인가. 젊은이든 유명인이든 그게 누구든 나는 사람을 좋아한다네. 그리고 사람은 모두 똑같다고 생각하고."

"어떤 사람이라도요?"

"그래. 가령 저 사람은 지위가 높다든가 유명하다든가 엄청나게 대단한 사람이라고 해도 나에게는 똑같은 인간일 뿐일세. 한 명의 인간일 뿐, 그 사람의 가치를 백이니 천이니 다르게 매기지 않는다네. 어떤 사람이라도 그 사람 자체를 다른 사람과 똑같이 달가워하는 거지."

스승님의 말은 진짜였다. 유명하든 무명이든 그런 건 스승님의 마음속에서는 전혀 중요하지 않았다. 해변으로 드라이브를 나가서 시골 어촌마을의 어르신들과 몇 시간이고 살갑게 이야기를 나누거나, 이름만 들어도 다 아는 유명한 사람과의 대담도 가볍게 거절하고는 나를 위해 몇 시간을 내어주기도 한다. 솔직히 이런 사람이 세상에 있으리라고는 생각하지 않았다. 하지만 이것이 스승님의 있는 그대로의 모습이었다.

"'대통령이나 연예인과 아는 사이라니, 대단하네요' 하고 부러워하는 사람도 있지만, 나는 그런 데 가치를 느끼지 않는다네. 딱히 비난하려는 건 아닐세. 그 사람의 생각이니까 그대로 존중하네. 다만 나에게는 그리 중요하지 않다는 거야. 이게 내 가치관이고 인생관이니까."

"저같이 아무런 지위도 없는 젊은이로서는 감사한 일입니다. 하지만 이 세상에 스승님처럼 생각하는 분은 드물어요."

"사람을 동등하게 보지 못한다는 건 안타까운 일이지. 나는 체인점 100개를 경영하는 사람을 만나면 '아, 이런 일을 잘하고 좋아하는군요' 하고 생각하고 만다네. 그뿐이지 않은가. 가게가 가령 하나뿐이라고 하더라도 고객에게 오랜 세월 사랑받고 있다면 그건 100개에 뒤지지 않을 정도로 대단한 일이라네."

'장사는 질리지 않는다'의
의미를 착각하지 마라

"저도 포함되겠지만, 왜 리더는 그렇게까지 해서 규모를 키우려고 할까요? 크기에 대한 동경일까요?"

"그것도 있겠지만, 아마 원인은 '질려서'일 걸세. 특히 '창업가인 내가 무언가 새로운 것을 만들어 낼 거야' 하는 타입은 하나가 잘되면 그것을 키우기보다 곧바로 다른 것을 만들고 싶어 하니까. 0에서 1을 만들어 내는 데 재주가 있는 인간의 숙명이라 할 수 있어. 같은 일만 하다 보면 질리지 않나."

스승님만의 새로운 시각이다. 나는 이해했다는 듯이 말했다.

"그건 안 되죠. 이전에 책에서 읽은 적이 있어요."

"응? 무슨 책인가?"

"어떤 사업가의 책에 이렇게 쓰여있었어요. 일에 완성은 없다. 시대에 맞춰서 계속 변화하는 것이 중요하다. 장사는 '질리지 않는 것'이 중요하다고요."

하하하. 나답지 않게 꽤 멋진 말을 했다. '맞아, 바로 그거야' 하고 분명 칭찬하실 것이다. 나는 내심 기대했다.

"그것도 그럴싸하지만, 내 의견은 조금 다르네."

한두 번도 아니고, 이제 그냥 포기해야겠다. 잠자코 듣기만 하자고 생각했다.

"쉽게 말해서, 주어가 다르다네."

"주어요?"

"그래. 자네 말대로라면 주어는 아마 파는 사람이겠지? 파는 사람이 질리지 않아야 한다는 의미로 이해했네."

"네, 스승님 말씀이 맞습니다."

"이 말의 참뜻은 다르다네. 장사의 주어는 어디까지나 고객일세. 고객이 질리지 않는 것이 진정한 장사지. 내가 질렸는지 어떤지는 상관없어. 아무리 질렸다고 해도 손님이 질리지 않았다면 계속 파는 것이 중요하고, 아무리 질리지 않았다고 하더라도 손님이 질렸다면 그 장사는 이미 끝난 것과 다름없다네."

'손님이 주축'이다는 스승님의 변하지 않는 장사 철학이다. 이 말에 전혀 반론의 여지가 없었다.

"'황금의 원 패턴'이라는 말을 아는가?"

"아뇨, 처음 듣습니다."

"인간이란 변화가 없으면 질려하지만, 반면에 '이건 안 바꿔었음 좋겠어' 하는 면도 가지고 있다네."

"무슨 말씀인가요?"

"〈미토 고몬〉*이라는 드라마를 알고 있겠지?"

"네, 물론이죠."

헤이세이平成** 시대 후기에 태어난 40대 이전의 젊은 사람이라면 익숙하지 않을 수도 있지만, 일본을 대표하는 대하드라마 중 하나다.

"〈미토 고몬〉은 저녁 8시에 시작하는데, 대체로 8시 45분쯤 되면 주인공인 스케상과 카쿠상이 악당을 벌하기 위해서 도쿠가와 가문이 새겨진 도장주머니를 꺼내며 자신의 정체

....

* 일본 TBS에서 1969년부터 2011년까지 방영된 대하드라마로 일본을 유랑하는 노인으로 신분을 위장한 미토 고몬이 충성스럽고 무예실력이 뛰어난 두 가신(家臣) 스케상, 카쿠상을 거느리고 일본 전국을 떠돌며 악을 벌하고 백성을 구제하는 내용의 드라마. 미토 고몬은 도쿠가와 이에야스의 손자인 도쿠가와 미쓰쿠니의 가명.

** 헤이세이 일왕의 재임 기간에 사용한 연호(年號)로 1989년부터 2019년까지를 가리킨다.

를 밝히지. 거의 항상 같은 패턴으로."

"네, 매번 그렇죠."

"만약 작가가 그 패턴에 질려서 마지막까지 정체를 밝히지 않고 끝낸다면 어떻게 되겠나?"

"그거야, 악당에게 당하는 사람들이 불쌍해서 너무 화가 나겠죠."

"그렇지? 마찬가지로 고객을 대할 때도 바꾸지 말아야 할 부분이 존재한다네."

'황금의 원 패턴', 금세 질려하는 나에게는 꽤 어려운 부분이다.

확대하는 삶의 방식,
나누는 삶의 방식

"스승님, 저는 잘 질려하는 성격인데 어떻게 하면 좋을까요?"

"금방 질려하는 성격이라도 성공할 수 있어. '황금의 원 패턴'을 만든 후에 다른 사람에게 나누어주면 된다네."

"나누어준다고요?"

"그래. 난 말일세, 자네의 장점은 좋은 것을 아낌없이 다른 사람에게 나눠주는 데 있다고 생각하네."

아, 기쁘다. 스승님이 보시기에 나에게도 좋은 점이 있었구나. 나는 스승님의 말씀을 있는 그대로 순수하게 받아들였고, 속으로 너무 기뻤다.

"항상 하는 일문일답만 봐도 그렇지. 자네가 내 이야기를 들으면 도움이 되니까 주변 사람에게도 알려주려고 다른 사람의 질문을 모아오는 것 아닌가?"

"네, 다들 엄청나게 좋아하거든요."

"그 넉넉한 마음씨가 자네의 좋은 면일세. 다들 자네처럼 그렇게 생각하지 않아. '스승님의 이야기는 나만의 보물'이라며 혼자 독차지하려는 사람이 적지 않지. 그런 면에서 보면 자네는 천진난만하고 마음씨가 넉넉한 구석이 있네. 그건 분명 자네의 강점이야."

"감사합니다."

"그러니 나는 자네가 사업 하나를 100개의 가게로 만들기보다는 그 사업을 하나의 성공 기틀로 삼아서 주위에 나누면 어떨까 하네. 그래서 한 사람이라도 더 창업가로 길러내는 편이 자네 적성에 맞지 않을까 싶네만."

이 당시 전혀 앞이 보이지 않던 나는 이 말을 계기로 어렴풋이나마 '그런 인생도 좋을 것 같다'고 생각했다.

"회사를 크게 키우는 것만이 행복이 아닐세. 세상에 도움이 되는 창업가, 다시 말해 사장을 길러내는 것도 무척이나 멋진 인생이지. 게다가 이 분야는 수요가 있어. 이제부터는 지금껏 잘나가던 기존의 대기업들은 사양길에 접어들고, 창업

하고 싶어 하는 사람은 반드시 늘어날 거야. 그리고 사람은 십인십색, 백인백색의 다양한 성격을 가졌지. 각각에 맞춰 사람을 길러내는 일은 한 가지 패턴이 아닐 테니 질릴 틈이 없을 걸세."

"그것도 꽤 멋진 일인데요. 확 와닿았습니다."

스승님의 말씀을 계기로 나는 회사명을 '㈜히나타야 패밀리'에서 '㈜인재육성재팬'으로 변경했다. 그리고 내가 직접 가게를 늘려나가는 것이 아니라, 어느 정도 궤도에 오르면 점장들에게 경영권을 전부 넘기거나 혹은 독립을 지원하는 형태로 바꾸었다. 우리 회사에서 나온 사장이 가게를 늘려나간 덕분에, 그들이 운영하는 매장은 꾸준히 늘고 있다. 내가 계속 직원들의 사장 자리에 머물렀다면 절대로 해낼 수 없었을 일이다.

'크게 키우는 것이 아니라 나누는 길도 있다', '자기 경험을 바탕으로 다음 세대의 인재를 길러내는 일도 있다' 그 후로 몇 년 후, 스승님의 말씀이 큰 힌트가 되어 나는 새로운 길을 찾았다.

내가 책을 쓰는 일을 택한 이유

　지금까지 읽으면서 느꼈겠지만, 나는 인생의 갈림길에 설 때마다 항상 스승님의 말씀을 이정표로 삼아왔다. 지금껏 그다지 칭찬받을만한 삶을 살지 못했고, 많은 실수를 저지르기도 했다. 그러나 자화자찬이라도, 나는 '내 의견을 고집하지 않고 스승님의 말씀을 들은 행동만큼은 잘했다'라고 과거의 나를 칭찬해 주고 싶다.

　스승님을 찾아뵙기 시작하고 5년이 흐른 2010년, 나는 그때도 딱히 하고 싶은 일을 찾지 못해서 일단 눈앞의 일만 열심히 해내고 있었다. 조금씩 매장 수가 늘어나는 요식업 경영과 때때로 불러주는 강연을 나가는 생활이 이어졌다. 그러던 어느 날, 나는 누군가의 소개로 출간 제안을 받았다. 일본 납세액 1위의 스승님에게서 내가 지금껏 배워온 내용을 세상에 전달하자는 취지의 책이었다. 고생스러웠지만, 여태껏 스승님에게서 받은 방대한 가르침이 담긴 음성을 어떻게든 글로 옮겨내려고 애를 썼다. 내용 확인차 스승님께 원고를 보여드렸을 때, 뜻밖의 말을 들었다.

"자네 원고를 읽고 이제야 깨달았네."

"그게 무슨 말씀이세요?"

"자네가 가야 할 길은 책이군. 이 책, 확실히 10만 부는 팔리겠어."

"시, 십만 부요?"

"그래. 만일 이 책이 베스트셀러에 오른다면 진지하게 작가의 길을 생각해 보는 건 어떤가?"

작가? 내가? 나는 한낱 요식업 경영자인데…. 그렇게 생각했지만, 입 밖에는 내지 않았다. 스승님의 가르침을 전달한다는 의미에서 보면 강연도 이미 같은 분야였기 때문이다.

"스승님, 말씀은 매우 감사하지만, 이번 한 권에 에너지를 너무 많이 써서 이제 더는 쓸 수 없을 것 같습니다."

"금방 익숙해질 걸세. 자네는 쓸 수 있어."

솔직히 그럴 자신이 전혀 없었다.

"만일 지금부터 책을 계속 써나간다면, 자네는 이 길에서 일본 최고가 될 수 있을 걸세."

"이, 일본 최고요?!"

"그래, 반드시 될 수 있다네. 내 눈에는 보여. 지금부터 본격적으로 책을 써나가면 10년 후에는 일본 출판 업계에서 정점을 찍을 잠재력을 지녔어."

스승님이 무슨 말씀을 하는지, 전혀 귀에 들어오지 않았다.

"나도 책을 쓰고 있으니 역량을 알아볼 수 있어. 출판 분야라면 내가 해 온 것을 모두 자네한테 맡기겠네."

최고의 사업가이자 베스트셀러 작가이기도 한 스승님에게서 이런 말을 듣게 되어 정말 기뻤다. 그러나 당시에는 내가 출판이라는 분야에 발을 담그게 되리라고는 전혀 생각지 못했다.

책은 스승님의 말대로 갑자기 10만 부를 돌파하며 베스트셀러에 올랐다. 기쁨을 넘어 그저 놀랄 따름이었다. 상상을 훨씬 뛰어넘는 의외의 성과에 아연실색해서 곤혹스러워하는 나에게 스승님은 이렇게 이야기했다.

가야 할 길이라면
자연스럽게 열리기 마련이다

2010년에 본격적으로 쓴 책의 제목은 《길은 열린다(道は開ける)》였다. 감사하게도 스승님 이름에 기댈 수 있었다. 책은 스승님의 예상대로 10만 부를 돌파했고 다시 말씀드리러 간 어느 날, 스승님에게서 이런 가르침을 받았다.

"이 '길은 열린다'라는 표현 말일세. 사실은 좀 더 정확한 말이 있다네."

"어떤 표현인가요?"

"물론, 하기 나름으로 길은 열리겠지. 하지만 '길이라면 열린다'가 좀 더 맞는 표현이라네."

"자신이 나아가야 할 길이라면 열린다는 말씀인가요?"

"맞아. 신기하게도 원래 자신이 나아가야 할 길이라면 처음부터 물 흐르듯이 진행되는 법이야. 마치 무언가 보이지 않는 힘에 이끌리듯이."

"스승님이 보시기에 저에게는 그 길이 출판이라는 말씀이시죠?"

"그래. 이 '길이라면 열린다'라는 말은 가게나 사업에도 통용된다네. 대체로 잘되는 가게는 처음부터 아무런 어려움 없이 손님이 모여들지. 반대로 잘 안되는 가게는 처음부터 끝까지 고생이 끊이질 않아."

지금 와서 뼈저리게 느낀다. 지금껏 많은 가게를 운영하며 사업을 해왔고, 책도 써왔다. 그중에서 도중에 갑자기 쑥 하고 자란 것은 얼마 없다. 잘된 것은 처음부터 왠지 모르게 잘 팔렸고, 인기가 있었다.

인간이 천직에 이르는 길과 순서

"사람은 다들 자신이 하고 싶어 하는 길로 나아가려고 하네. 그리고 주변에서도 말하지. '하고 싶은 일을 하라'고."

"네, 저도 사람들에게 그렇게 말합니다."

"다만 그 사람이 실패했다고 해서 대신 책임을 지지는 않지."

"네, 그건 그 사람의 인생이니까요."

"그렇다면 결국, 대충 적당히 하는 말인 셈이야."

정말 그럴지도 모른다. '하고 싶은 일을 하면 된다'는 말은 곧 무책임한 말이라고 할 수 있다.

"하고 싶은 일이 있다면 하면 되네. 하지만 만일 하고 싶은 일이 없다면 믿을 수 있는 사람이 추천하는 일을 해보는 것도 하나의 방법 아니겠나? 그리고 사실 하고 싶은 일보다 다른 사람이 '이걸 하면 잘될 거야' 하고 말해주는 일이 오히려 성공할 확률은 높아. 자기 자신을 제일 모르는 존재는 바로 나 자신이니까."

스승님은 이렇게도 말씀해 주었다. 그래서 지금 내가 스승님의 말씀을 많은 사람에게 전하게 된 것이다.

"그게 말이야 일을 잘하는 비결은 주로 '나는 숨 쉬듯이 할 수 있는 일인데, 다른 사람은 놀란다'라는 데 있지. 예를 들어 매일 일기를 쓴다든지 어떤 상황에서도 일찍 일어난다든지, 일에 적용해도 아무런 고생 없이 할 수 있는 행동들 말일세. '어떻게 이렇게 할 수 있을까?' 하고 사람들이 흥미를 느끼기 마련이야. 그 분야를 잘 파고들면 반드시 자신의 무기가 될 걸세."

책을 쓰고 있어서인지 '어떻게 하면 글을 잘 쓸 수 있는가?' 하는 질문을 자주 받는다. 그러나 어떻게 하면 좋을지는 나도 잘 모른다. 그저 떠오른 것들을 써 내려갈 뿐이다. 다만 이것이 스승님이 말씀한 '나아가야 할 길'이었구나, 하고 지금에서야 깨닫는다.

"천직이라고 하지. 누구나 찾고 싶어 하는 직업."

"네, 저도 찾고 싶습니다. 천직을 찾아서 일할 수 있다면 무척이나 행복할 것 같아요."

"대부분 천직은 하고 싶었던 일이라기보다 다른 사람이 무리하게 시켜서 하게 된 일에서 출발한다네. 싫다며 마지못해서 하는데도 막상 해보면 술술 잘되지. 그러니 본인도 놀랄 수밖에. 그러고는 점점 빠져들지. 천직에 이르는 과정은 이 패턴이 제일 많다네."

"그렇다면 역시 천직으로 이르는 길은 항상 눈앞에 있다는 뜻인가요?"

"그래, 이제야 말이 척척 통하는군. '하고 싶은 일보다 우선은 눈앞에 있는 일을 열심히 하게', 자네에게 항상 하던 말의 의미라네."

"조금씩 보이는 것 같습니다."

"문제는 다른 사람이 해보라고 하는 일이나 부탁하는 일을 대충 하지 말고, 고집을 내려놓고 꼼꼼하게 열심히 할 수 있는지라네. 열심히 하면 눈앞의 문이 열릴 걸세. 그 너머에는 진정으로 하고 싶었던 일이 자네를 기다리고 있지."

"문인지 아닌지 확인하는 방법이 있나요?"

"그럼, 있고말고. 우선 첫 번째로 어떤 분야에서 부탁받는 일이 늘어난다네. 그게 바로 문이야. 이때 '반드시 기대 이상으로 해내야지' 하는 마음으로 임하게 되지."

그렇구나. 가르쳐 주신 모든 것이 이제 서로 맞아떨어진다.

"기회는 자기 자신이 잡는 것이라고 생각하는 사람이 많은데, 진짜 기회란 사람들이 물어다 준다네. 알아차리는가 아닌가의 차이일 뿐이야."

"스승님."

"왜 그러나?"

"저, 출판 열심히 해보겠습니다. 물론 해 오던 음식점과 강연 사업도 함께 하겠지만요."

"그래, 그걸로 충분하네. 그사이에 출판 일이 자네의 사업 중에서도 독보적인 결과를 낼 걸세. 내 예언하지."

이렇게 말하고 스승님은 미소를 지었다.

출판을 파고드는 사이에
열린 새로운 문

　스승님이 내게 출판을 권유하신 지 13년이 흐른 2023년. 나는 스승님의 말씀대로 출판이라는 세계에 사는 사람이 되었다. 부탁받은 기획을 한 권씩 책으로 만들어 나가는 중에 최근 들어 새로운 문이 열렸다. 주변에 있는 저자를 발굴해 출간의 기회를 만들고 집필을 돕는 일이다. 신인 저자와 상담하면서 그들의 출판을 돕는 과정에 점점 재미를 느꼈고, 어느샌가 이 일이 나의 또 다른 사업이 되었다. 돌이켜 보니 2023년에는 10권이나 되는 신인 저자의 책을 세상에 내놓았고, 그중에서 영화화 제안을 받거나 5만 부가 넘게 팔린 베스트셀러도 몇 권 탄생했다. 2024년, 2025년에도 신인 작가

출판이 많이 결정된 상태다.

'직접 사업을 크게 키우는 방법도 있지만, 잘되는 시스템을 만들어서 많은 인재를 배출하는 길도 있다' 스승님의 가르침대로 한 덕분에 요식업계의 사장 육성은 무사히 순조롭게 이어졌다.

지금 내가 관심을 두는 다음 세대는 신인 저자다. 요식업계에서 길러낸 사장들이 매장을 늘려나간 것처럼 좋은 신인 저자가 많아져서 좋은 책이 세상에 차례차례 나올 수 있었다. 이렇게 나의 책과 다른 사람의 책을 계속 만들다 보니 어느새 내가 일하는 의미가 자연스레 보이기 시작했고, 말로도 표현할 수 있게 되었다. 바로 '책의 힘으로 이 나라에 활기를 불어넣는다'라고 말이다.

이 일은 모두 스승님의 가르침이 있었기에 가능했다. 비록 지금 꿈이 없더라도, 하고 싶은 일이 뭔지 모르더라도 지금 하는 일의 의미를 찾아서 눈앞의 일을 해나가다 보면 반드시 상상도 하지 못했던 미래가 펼쳐진다.

스승님이 가르쳐준 '세상 사람들이 흔히 말하는 꿈을 가져야만 성공한다는 법칙의 그늘에 가려진 이 성공 방식을 책이나 강연을 통해 한 명이라도 더 많은 사람에게 알린다'라는 것. 이 또한 눈앞에 난 길을 한 걸음씩 걷다 보니 자연스레 발견한 내가 일하는 이유이다.

"다른 사람들이 해보라고 하는
일이나 부탁하는 일을 대충 하지 말고,
고집을 내려놓고 꼼꼼하게
열심히 할 수 있는지라네.
열심히 하면 눈앞의 문이 열릴 걸세.
그 너머에는 진정으로 하고 싶었던
일이 자네를 기다리고 있지."

"왜 일하는지와 함께
'나는 누구를 행복하게 하려고
일하는가?'를 생각해 보게.
그 의미가 자네를 강하게 해줄 테니."

마지막 장 **당신은 왜 일하는가**

많은 사람이 꿈이 없는 시대적 배경

스승님의 강의에 푹 빠져서 정신을 차리고 보니 어느덧 오후 5시가 되었다. 아직 해가 일찍 떨어지는 3월이기도 하고, 도쿄는 규슈보다 1시간 정도 일몰이 이르다. 그래서 시간이 더 빠르게 가는 것만 같았다.

"오늘 규슈로 돌아가나? 비행기 시간이 몇 시라고 했지?"

"마지막 비행기라서 저녁 8시입니다."

"그렇군. 자, 그러면 마무리에 들어가지."

아침 첫 비행기를 타고 도쿄로 올 때는 기대감으로 가득한데, 매번 돌아갈 때가 되면 아쉬움이 밀려온다. 하지만 스승님은 강의 마무리 시간에 가장 중요한 부분을 말한다는 사실을 안다. 집중해야 한다! 녹음기를 켜고 노트에 메모할 준비를 했다.

"오늘은 왜 일하는지에 관해서 이야기했네. 꿈보다 '왜', 다시 말해 의미를 찾는 것이 중요하다고 말일세. 쉴 새 없이 달려왔는데 잘 이해했나?"

"네, 그리고 직접 체감해가는 것이 중요하다는 말씀도 해주셨습니다."

"맞아. 지금은 아직 머리로만 이해하겠지만, 이제부터 여러 경험을 쌓아가다 보면 내가 한 말을 가슴으로도 이해할 수 있을 걸세."

"열심히 하겠습니다."

"그렇게 애쓰지 않아도 돼. 천천히 해도 된다네. 언젠가 반드시 깨닫는 날이 올 테니까."

"네, 감사합니다."

"자, 다시 꿈 이야기로 돌아가서, 요즘 왜 꿈을 가진 사람이 적어졌는지, 자네 알고 있나?"

꿈을 찾지 못하는 이유…. 거기까지는 생각해 본 적이 없다.

"그건 어려움이 없어서라네."

"어려움이 없어서라고요?"

"그래. 꿈이나 하고 싶은 일이란, 대체로 부족한 것이 있을 때 생겨나지. 하지만 지금은 주변에 뭐든지 넘쳐나니 꿈이나 하고 싶은 일이 없어도 딱히 곤란하지 않아. 많은 사람이 하고 싶은 일을 찾지 못하는 이유 중 하나라네."

"어릴 때는 좀 더 천진난만한 꿈을 꾸었던 것 같습니다."

"어릴 적 꿈은 어른이 된 후의 꿈과는 다른 법이지. 어른이 되고 나서 갖는 꿈은 어느 정도 실현 가능성을 염두에 두지 않나. 그러다 보니 어릴 때보다 꿈을 갖는 게 어려워진다네."

"그렇군요. 정말 그런 것 같습니다."

꿈을 가지기 힘든 시대에 태어났다

"반복하자면 꿈이 생기려면 어려움, 다시 말해 어느 정도의 결핍이 필요해."

"구체적으로 어떤 것인가요?"

"자네가 태어나기 수십 년 전쯤, 내가 태어났을 무렵은 제2차 세계 대전이 끝난 후였으니 일본은 온 나라의 들판이 타 버려 물자가 하나도 없었다네. 요점은 모두가 어려움을 겪었다는 것이지. 그러니 다들 꿈을 가졌어. 우선 흰 쌀밥이나 배불리 먹고 싶다는 단순한 꿈이었지."

"그런 시대였군요. 저는 상상이 가질 않아요."

"그렇겠지. 자네는 그 시대를 살지 않았으니."

"스승님께서 고생하셨을 때도 그랬나요?"

"나는 굶주렸던 배가 채워진 세대지. 맛있는 것을 먹고 싶어 했고, 그 꿈이 이뤄지니 모두가 다음 목표로 풍족한 생활을 꿈꾸었다네. 자동차라던가, 세탁기라던가 컬러 텔레비전 같은 것들 말일세."

"그게 다음 단계였군요."

"일본은 거품 경제가 붕괴하기 전까지 계속 성장했어. 이 때까지는 일본 전체가 '좋은 것을 갖는다'라는 하나의 목표만을 향했으니, 누구나 꿈을 갖기가 쉬웠지. 자네는 거품 경제가 꺼진 1991년에 무얼 하고 있었나?"

"고등학생이었습니다."

"그렇군. 그렇다면 자네는 이미 고등학생 때 세상이 완성되어 이미 다 채워진 상태였겠군."

"네, 그 후 잃어버린 15년(2006년 당시에는 15년이었고, 지금은 잃어버린 30년이라고 불린다)에는 제가 취직했다가 창업했을 무렵입니다. 취업 활동을 할 때는 패전 후 최악의 취업 빙하기라고 불린 때였고, 창업한 2001년은 헤이세이 시대의 최대 불황기였습니다. 하지만 저는 다코야키 가게를 시작하겠다는 꿈이 있어서 행복하다고 느꼈어요."

"그렇군. 전에도 듣긴 했네만, 그런 꿈을 갖게 된 이유가

'빨리 어른이 되고 싶다'라는 결핍에서 비롯된 게 아닌가.”

"네, 당시 제 주변에 있는 어른들은 즐거워 보였고, 저는 어려서 자유롭지 못하다고 느꼈으니까요. 그래서 빨리 어른이 되고 싶다, 내 장사를 하고 싶다고 생각했습니다.”

"그래도 자네는 특별한 편이야. 보통 그런 꿈을 가진 젊은이는 잘 없어. 어려움이 없으니까.”

듣고 나니 내 주변에 그렇게까지 뚜렷한 꿈을 좇는 사람이 많지 않다고 생각했다. 스승님의 말은 계속되었다.

"솔직히 말해서 젊은이들이 옛날처럼 확실한 꿈을 가지려면 나라가 한번 망해서 모두 어려운 상황에 빠져봐야 하네. 그러지 않는 한 무리일지도 몰라. 그 정도로 세상이 너무 편해졌어.”

"그건 좀 현실성이 없는 것 같습니다.”

"그렇지. 그러니 지금 시대는 무리하게 꿈을 찾기보다 눈앞에 있는 일에 사명감을 가지고 해나가는 편이 현실적인 성공론이야. 그래서 나는 멀리 있는 꿈보다 눈앞에 닥친 일을 대하는 방법을 익혀야 성공할 수 있다고 자네에게 말한 걸세.”

목표보다 목적을 추구해야 하는
두 가지 이유

"이것 말고도 다른 이유가 있나요?"

"있다마다. 꿈을 이루고 나면 탈진 증후군burnout syndrome에 빠지기 쉽다네."

나도 그랬다. 다코야키 가게를 열기 전까지는 꿈을 향해 쉼 없이 내달렸지만, 가게를 연 순간 의욕이나 힘이 다 사라져 버렸다. 다코야키 가게라는 꿈을 이룬 후, 그다음 꿈을 전혀 생각하지 않았기 때문이다.

"꿈이나 목표는 이루고 나면 끝나. 하지만 목적, 다시 말해 '왜'를 추구하는 데는 끝이 없지. 목적은 다음에 해야 할 일에 집중할 수 있게끔 만든다네."

그렇구나. 그래서 스승님은 '왜'를 분명히 하라고 하셨구나. 오늘 하루 동안 들은 이야기가 새삼 마음에 와닿았다.

　"또 다른 이유도 있다네. 꿈에 너무 집착하면 진정한 기회를 놓칠 가능성이 커진다네. 특히 젊으면 젊을수록."

　"어떤 의미인가요?"

　"예를 들어 하고 싶은 일을 하나로 추렸다고 할까? 그러면 언뜻 그 꿈과 상관없는 것들은 불필요하게 느껴지겠지."

　"아하, 어떤 상황인지 알 것 같아요."

　"하지만 인생에는 어떤 기회가 숨어있을지 몰라. 전혀 꿈과 상관없어 보이는 일이 사실 꿈으로 가는 가장 빠른 지름길일 때도 비일비재하다네."

　"그래서 오늘 스승님이 저에게 '꿈이 없어? 그렇군, 잘됐네' 하셨군요?"

　"맞아. 처음에는 황당했지만 말이야."

　"네, 저도 무척 놀랐습니다."

　"농담이 아닐세. 아직 분명한 꿈이 없는 덕분에 이제부터 앞으로 자네가 얼마나 많은 기회를 거머쥐게 될지 기대되는군."

　목적, '왜'를 향한 추구는 자기 일에 집중하게 만든다. 여러 가지에 도전할 수 있고, 많은 기회를 잡을 수 있다. 나는 노트에 하나씩 메모했다.

"일은 벽돌을 하나씩 쌓아 올리는 작업과 다름없어. 때로는 무진장 지루하게 느껴지고 질리는 날도 오지. 꺾이려는 마음을 다잡아주는 것이 '왜'의 힘이라네."

'자네는 왜 일하는가?'
아침에 들은 스승님의 말씀을 마음속으로 다시 한번 되뇌었다.

"지금 눈앞의 일, 눈앞의 상대에 의미를 부여하고 대하게. 그러면 사람은 높은 곳을 향할 수 있다네. 할 수 있는 일도 늘어나지. 어쩌면 자네가 끊임없이 누군가를 기쁘게 하려는 모습을 본 어떤 사람이 새로운 세계로 자네를 이끌어줄지도 몰라. 단순하지만, 열심히 노력하는 자를 누군가는 반드시 보고 있기 마련이야. 자네가 해 온 일은 절대 자네를 배신하지 않을 걸세."
"멀리 보기보다 지금 눈앞을 제대로 바라보겠습니다."

인생을 여행으로 삼을 것인가, 모험으로 삼을 것인가

"지금 눈앞에 닥친 일을 진지하게 하다 보면 새로운 문이 열릴 거라고 말했지."

"네, 오늘 몇 번이나 말씀해 주셨습니다."

"그건 인생이 매우 즐거워지는 방법이기도 해."

"왜 그런가요?"

"앞이 보이지 않아야 인생은 모험이 되지 않겠나?"

"모험이라니, 듣기만 해도 설렙니다."

스승님은 이렇게 말했다. 꿈은 계획을 세워 하나씩 목표 지점을 달성해 나가는 것. 예를 들어 유럽 여행을 떠날 때는 계획을 세우고 하나씩 실행에 옮기다 보면 유럽에 도착

한다. 이것은 여행이다, 하고 정해서 이뤄나가는 것이다. 반면에 눈앞의 일에 집중해서 살아가면 어디에 다다를지 전혀 알 수 없다. 유럽에 가려고 했는데 어쩐 일인지 하와이에 와 있는 사태가 벌어지기도 한다. 만나는 사람에 따라서 행선지가 완전히 달라지기도 하는데, 이게 모험 같고 즐겁다. 참 재미난 표현이다. 나는 여행보다 모험이 성격에 잘 맞는다.

"눈앞에 있는 문이 열리면 보이는 미래, 저는 이쪽에 더 가슴이 뜁니다."

"그렇지. 여행보다 모험이 훨씬 재밌다네. 미래를 딱딱 정해놓고 오로지 계획대로 나아가는 방식보다, 앞날은 알 수 없지만 눈앞의 어려움이나 위기를 즐기면서 뛰어넘는 방식이 인생의 밀도는 더욱 높아지지. 그래서 장래에 어떻게 되고 싶다고 그렇게 진지하게 생각하지 않아도 된다고 말한 걸세. 나는 정말 그리 생각한다네."

미래보다 지금. 1년 후보다 내일. 그리고 내일보다 오늘. 가능한 한 주기를 짧게 잡을 때 더 높은 집중력과 에너지가 솟아난다. 나는 매 순간을 온 힘을 다해 살고 싶다. 스승님께 그렇게 말했다.

"그래. 현재를 즐기는 힘이 사람을 가장 강하게 만들지. 예를 들어 지금 하는 일이 별로 재밌지 않다고 치지. 하지만 어떻게 하면 재밌게 할 수 있을지를 생각해서, 실제로 즐거움으로 전환할 수 있다면 자네는 무얼 하더라도 즐거운 인생을 보낼 수 있을 걸세."

"전환하기 위해 스스로에게 던지는 질문이⋯."

"맞아, 이미 잘 알고 있군."

"'왜', 다시 말해 지금 하는 일의 의미를 생각하는 것이죠."

스승님은 씨익 웃으시며 고개를 끄덕였다.

인생에 기한을 정하지 마라

"마지막으로 또 하나, 자네에게 해줄 말은 인생에 기한을 정하지 말라는 것이네."

"기한이요?"

"그래, 예를 들면 몇 년 안에 회사를 이런 규모로 성장시킨다든지, 몇 살까지 이것을 해내겠다든지 무리하게 정하지 말라는 거야."

"꿈이 아니라 기한도 필요 없나요? 그건 좀 의외입니다."

"이것도 중요한 내용이니 잘 기억해 두게. 벚꽃은 언제 피지?"

"봄입니다."

"그렇지? 자, 쌀은 언제 수확하지?"

"가을입니다."

"인생도 똑같다네. 자기가 언제 필지는 하늘이 정하는 일이야. 자신이 기한을 정한다는 건 그 시기를 스스로 통제하겠다는 말과 같네. 그렇게 되면 벚꽃 나무에 비닐하우스를 씌워서 무리하게 꽃피우려고 하거나, 벼가 다 익지도 않았는데 벼 베기를 하려 들지. 하지만 벚꽃도 쌀도 시기가 되면 저절로 열매를 맺는 법일세. 인생도 마찬가지라 해야 할 일을 제대로 하다 보면 반드시 때가 무르익는 순간이 올 걸세."

"'때가 무르익는다. 시기는 하늘에 맡겨라'는 말씀이시죠?"

"그렇다네. 다만 잠자코 기다리고 있으면 시간이 아무리 흘러도 때는 무르익지 않아. 우리 인간이 해야 할 일은 눈앞에 닥친 일에 온 힘을 다하는 것. 그뿐이라네."

"눈앞에 있는 일…."

"그래, '하늘에 풍년을 기원하고 손은 밭을 간다' 내가 좋아하는 말이야. 자네에게도 선물하지."

'하늘에 풍년을 기원하고 손은 밭을 간다' 눈앞에 있는 일에 전력으로 임하고, 열매가 맺히는 시기는 하늘에 맡긴다. 얼마나 현재에 집중할 수 있는가에 따라서 시기는 달라진다는 말인지도 모른다. 어쩌면 그 시기가 내일일지도 모를 일 아닌가? 나는 스승님께 물었다.

"바로 그거야. 모두 자네 하기 나름이지. 좋아, 그러면 이제 숙제를 내도록 하지."

일본 최고의 장사꾼이 낸
정신이 아득해지는 숙제

스승님이 숙제를 내는 시간이 다가오고야 말았다. 스승님은 늘 수업 마지막에 다음 강의 전까지 해야만 하는 숙제를 내주신다. 이번에는 어떤 숙제가 기다리고 있을까? 어떤 일이 있어도 반드시 해내야지. 나는 그렇게 마음먹었지만, 숙제는 매번 어려웠다. 이번 숙제는 특히나 더 그랬다.

"반년 동안 나는 자네에게 살아가는 방식, 사고방식, 일하는 방법 등등 여러 가지를 일러주지 않았나?"

"네, 솔직히 소화를 다 못 시킬 정도로 많은 것을 배웠습니다."

"그래, 그러니 배운 것을 소화하는 것이 다음 숙제라네."

무슨 말일까? 다음 시간까지 배운 내용을 정리해 오라는 말씀인가? 나는 스승님이 한 말의 의미를 전혀 이해하지 못했다.

"지금부터가 실천일세. 지금껏 내가 자네에게 일러준 것을 완벽하게 실천에 옮긴다면 아무리 못 해도 매출이 지금의 1.5배는 될 걸세. 그리고 이익률은 2배 이상으로 오르겠지. 그걸 달성하고 나서 다음 강의로 들어가지."

1.5배. 가뜩이나 매출이 어려운데 50퍼센트 상승이라니. 정신이 아득해졌다.

"저, 그게, 시간이 꽤 걸릴 것 같습니다."

"내가 볼 때 빠르면 1년쯤 걸리겠군."

"1년…. 솔직히 1년은 말이 안 됩니다. 족히 3년은 걸릴 겁니다."

"괜찮아. 내가 지금껏 알려준 것을 실천하면 반드시 달성할 수 있는 숫자라네. 나는 할 수 없는 일은 입에 담지 않아."

"네…."

나는 마음속으로 매출을 얼추 계산하며 반년 정도 지나서 그냥 보고해야겠다고 생각했다. 그러자 스승님이 내 마음을 간파했는지 이렇게 덧붙였다.

"아, 올 때는 결산서를 들고 오게나. 그러면 숫자를 알 수 있으니."

역시 일본 최고의 장사꾼이다. 나의 얕은꾀 정도는 쉽게 꿰뚫어 볼 수 있다. 도망칠 곳이 없어진 나는 암담해졌다.

배운 것은 결과를 냈을 때라야 비로소 자기 것이 된다

"달성해 낸 자네를 만날 생각을 하니 기대되는군. 얼른 다음 내용을 알려주고 싶으니, 하루라도 빨리 매출 1.5배를 달성하게. 그때는 항상 가는 이자카야에서 축하 파티를 하자고."

스승님은 소풍을 기다리는 아이처럼 말했다.

"스승님, 이 숙제는 정말 너무 힘듭니다."

나도 모르게 진심을 입 밖에 내고 말았다.

"저, 이렇게 거리를 두시는 건지요? 혹시 제가 이렇게 찾아오는 게 민폐인가요?"

"무슨 소리를 하는 건가. 얼른 달성하면 될 일일세. 자네라면 할 수 있어."

나는 다음 수업의 기회가 물 건너갔다는 생각에 뿌루퉁해졌다. 그러자 스승님은 지금까지 보인 표정을 싹 거두고 진지한 얼굴로 변했다.

"그런 한심한 얼굴 하지 말게나. 혹시 내가 오냐오냐해주기만을 바랐나?"

마음속으로는 투정 부리고 싶었다. 하지만 투덜대면 내 자신이 더욱 한심하고 볼품없다는 사실을 잘 알고 있었다.

"아닙니다, 그런 건 아니지만…."

"좀 더 따끔하게 한마디 해도 되겠나?"

"네, 한데 지금은 풀이 죽은 상태라 너무 심한 말씀은 말아주세요."

"다음으로 넘어가기에는 아직 때가 무르익지 않았어. 여기서 더 강의를 진행해도 자네의 머릿속에만 남을 뿐이야. 그러니 실천 연수 기간이 필요한 걸세. 모든 건 자네 하기에 달렸어. 제대로 자네의 밭을 일구고 오게나. 그러면 기간은 훨씬 줄어들 걸세."

무슨 얘기인지 머리로는 이해했지만, 영 내키지 않았다.

세상은 결과를 낸 사람의 말에
귀를 기울인다

　"알겠나? 똑바로 듣게. 언젠가는 자네도 나처럼 가르침을 주는 사람이 되고 싶은 게지? 그렇게 말하지 않았나?"

　"네, 그렇게 되고 싶습니다."

　"중요한 건 '무엇을 전할까?'가 아니라 '누구에게 전할까?'라네. 사람들이 듣고 싶은 이야기는 단순한 이치가 아니라 경험이 뒷받침하는 이야기야. 다시 말해 '이렇게 하면 잘된다'가 아니라 '이렇게 했더니 좋아졌다'라는 결과라는 말일세."

　"그러니까, 결과를 내는 것이 곧 숙제인 셈이군요."

　"그렇다네. 자신이 해 온 일을 바탕으로 말하지 않으면 사람들 마음에 전해지지 않아. 사람들은 생각보다 꽤 깐깐하다고. '당신이 하는 말은 그럴싸하지만, 그래서 진짜로 해냈나요?', '이렇게 하면 매출이 오를 것이라고 말하는데, 그 방법으로 실제로 매출을 올렸나요?' 하고 말로는 내뱉지 않아도 마음속으로 말의 신뢰성을 재고 있다네."

"어렵네요. 하지만 제가 생각해 봐도 이야기를 듣는 사람의 처지에서는 그럴 수도 있겠다 싶습니다."

실제로 내가 이렇게 스승님께 배우러 오는 이유는 다름 아니라 스승님이 제로에서 시작해 납세 부문에서 일본 최고라는 결과를 낸 사람이기 때문이다. 말뿐인 사람이었다면 나는 절대 듣지 않았을 것이다. 이 시간이 너무나 좋아서 만만하게 여겼다. 스승님이 알려준 것을 그대로 사람들에게 말하면 어떻게든 잘되겠지, 하면서 말이다. 스승님의 말씀을 들으면 들을수록 내 안일한 생각이 부끄러워졌다. 스승님은 이렇게 마무리했다.

"중요한 건 반복이네. 사람들이 듣고 싶은 건 결과를 낸 사람이 하는 말이야. 그러니 결과를 내는 데서 도망쳐서는 안돼. 결과를 내지 않고 사람들에게 아무리 말해봤자, 세상은 그리 녹록지 않아. 험한 세상이니만큼 난 자네를 진짜로 만들고 싶네. 그러니 실천한 결과가 필요한 것일세."

무거운 말씀이었다. 그러나 이 엄격함 속에 담긴 따뜻한
마음이 충분히 전해졌다.

'멋지게 일하는 방식'이란?

"스타가 되게. 요식업이든 출판이든 어떤 분야든 상관없으니."

"네? 스타가 되라고요?"

"그래. 요즘 세상에는 스타가 필요해. 사람들은 꿈을 가진 이를 반드시 동경하기 마련이네."

"'동경'이라…."

분명 그렇다. 어릴 때 내가 빨리 어른이 되고 싶었던 이유는 어른이 즐거워 보였기 때문이다. 프로 야구선수가 되고 싶다는 꿈을 꾸는 이유도 활약하는 스타가 있기 때문이고, 가수가 되고 싶은 이유도 반짝반짝 빛나는 가수가 존재하기 때문이다. 물론 스타는 그런 화려한 직업에만 있는 것이 아니다. 회사의 상사나 창업가라도 상관없다. 어떤 분야든 눈앞에 동경의 대상이 있으면 사람은 그 대상을 자연스럽게 목표로 삼게 된다. 그렇기에 스승님이 하는 말씀의 뜻은 곧바로 이해했다. 자, 그러면 나는 어떤 분야의 스타가 될 것인가? 골똘히 생각하는 나를 향해 스승님은 말을 이어 나갔다.

"지금은 아무래도 불경기니까 부정적인 사람만 눈에 띄지. 언론에서도 어른들은 사과만 하고. 사장도 회사 상사도 앞날에 대한 불안감 때문에 고개를 숙이고 있어. 그런 어른만 보는데 어느 누가 꿈을 가질 수 있겠나?"

"하지만 아무래도 주변 분위기가 어두워지면 저도 덩달아 어두워집니다."

"무슨 소리인가. 반대여야지. 주변이 어두우니 자네가 빛이 되어야 하네. 주변이 어리석은 행동을 해도 자네는 현명하게 행동해야 하네. 주변에 활기가 없으면 자네가 활기의 원천이 되어서 에너지를 나눠주는 거야."

나는 잠자코 들었다.

"기왕 일할 거라면 약한 소리 말고 기분 좋게 일하게. 그게 가장 멋져. 그 모습을 보고 젊은이들이 '저 사람 진짜 멋지게 산다', '나도 열심히 해서 저렇게 되고 싶어' 하고 동경의 대상으로 삼는 걸세. 나는 자네가 그런 사람이 되길 바라네. 그래서 자네에게 내가 가진 모든 것을 알려주는 걸세."

스승님의 따뜻한 말에 가슴속에서 뜨거운 무언가가 울컥 솟구쳤다. 동시에 지금까지의 나약한 생각이 마음속에서 사라져가는 것을 느꼈다.

사람은 무엇을 위해 노력하는가?

"예를 들어 자네 아이가 자라서 '아빠, 아빠는 뭘 위해서 일해?' 하고 물었을 때 '응? 돈 때문이지'라고 대답할 텐가?"

그건 싫다. 좀 더 센스 있게 답해주고 싶은데. 나도 모르게 웃고 말았다.

"물론 돈도 중요하지. 하지만 제일 소중한 존재에게는 좀 더 멋지게 말해주고 싶은 법이지. 그래서 '역시 우리 아빠 멋져!' 하면 좋지 않겠나?"

"네, 아이들 앞에서는 멋져 보이고 싶죠."

"당연하지. 폼 재지 말라는 사람이 많은데, 소중한 사람 앞에서 안 하면 언제 하겠나?"

멋지다. 단순한 말이지만 목표로 삼고 싶다.

"사람들은 결국 자신을 위해서뿐만 아니라 소중한 사람을 위해서 힘을 낸다네."

"네, 용기가 납니다."

"왜 일하는지와 함께 '나는 누구를 행복하게 하려고 일하는가?'를 생각해 보게. 그 의미가 자네를 강하게 해줄 테니. '나만을 위해서가 아니라 일을 통해서 주변에 있는 소중한 사람을 행복하게 만든다' 하는 그 마음이 상상을 뛰어넘는 높은 곳으로 자네를 끌어올려 줄 걸세."

무엇을 위해서, 누구를 위해서. 나는 누구를 위해서 일하는가? 가족, 직원, 고객, 그리고⋯.

"이렇게 잘 알려주시는데, 스승님 이름에 먹칠하지 않도록 열심히 하겠습니다."

"고맙네. 하루라도 빨리 다음 내용을 알려주고 싶으니 부탁하네. 다음에 만날 날을 손꼽아 기다리고 있겠네."

"이번에도 감사했습니다. 반드시 결과를 내서 뵈러 오겠습니다."

"나야말로 항상 먼 곳까지 와줘서 고맙네. 조심히 돌아가게나."

나는 정중하게 고개를 숙이고 스승님의 사무실을 나와 전철을 타고 차창 밖으로 보이는 도쿄의 경치를 바라보며 그날 녹음한 음성을 들었다. 공항에 도착해서 비행기를 타자 안내 방송이 들려왔다. 규슈의 관측목에 첫 번째 벚꽃이 피었다는 소식이었다.

정확히 1년 후, 2007년 벚꽃이 필 무렵. 나는 모든 과제를 완수하고 스승님께 보고하러 갔다. 그리고 2010년 첫 책을 내고 10년이 지난 2020년. 스승님이 말한 대로 나는 그해 출판 분야에서 일본 최고가 되었다.

지금 눈앞의 일, 눈앞의 상대에
의미를 부여하고 대하게.
그러면 사람은 높은 곳을 향할 수 있다네.
할 수 있는 일도 늘어나지.
어쩌면 자네가 끊임없이 누군가를
기쁘게 하려는 모습을 본 어떤 사람이
새로운 세계로 자네를 이끌어줄지도 몰라.

인생에 의미를 가진다는 것

우리는 하루 대부분을 일하며 보낸다. 그 시간을 단순히 때우듯이 쓸 것인가, 아니면 충실하게 쓸 것인가. 달리 표현하면 인생 대부분을 무의미한 시간으로 만들 것인가 아니면 의미 있는 시간으로 만들 것인가라는 물음이다. 즉 '왜 일하는가?'라는 물음을 파고들다 보면 '왜 살아가는가?'라는 질문으로 치환된다.

뚜렷하게 미래를 향한 목표를 가지고 설렌 마음으로 나아갈 수만 있다면 그것만큼 즐거운 시간은 없다. 그러나 지금 그렇게 살고 있지 않더라도 눈앞에 있는 일에 의미를 발견하고, 작은 성공과 자신감을 쌓아 올린다면 반드시 당신 앞에 길이 열릴 것이다. 꿈을 갖든, 점점 길이 열리는 쪽을 택하든 어느 쪽이든 상관없다. 선택은 당신의 몫이다. 어느 쪽이든 의미를 두고 한발 한발 전진하다 보면 어느새 목표와 목적이 당신 안에서 서로 이어지고 연결되는 날이 반드시 온다.

유대인 '빅터 프랭클Viktor E. Frankl'이 제2차 세계 대전 당시, 나치의 홀로코스트라는 대량 학살과 아우슈비츠 수용소에서 겪은 바를 책으로 쓴 《죽음의 수용소에서》라는 세계적인 스테디셀러가 있다. 이 책은 비참한 현실을 바탕으로 극한의 생활 속에서 피어난 인간 심리의 변화 그리고 인간이라는 존재를 객관적으로 그려냈다. 책의 한 부분을 요약해 보았다.

어떤 상황이 닥치더라도 인생에는 반드시 의미가 있다.
미래에서 기다리는 사람이나 무언가가 있으며, 그것을 위해서 지금 반드시 해야만 하는 일이 있다.
살아가는 것을 어떻게 의미 있게 만들어 나갈지 가능성만이 유일하게 남았다.
그 가능성은 오직 지금 자신이 얽매여 제한된 상황 속에서 어떠한 각오를 하는지에 달렸다.
나는 무엇을 위해서 살아가는가?
의미를 잃은 자가 힘을 기르고, 의미를 계속 지켜냈을 때만 빛이 다가온다.

이 책을 관통하는 하나의 축은 바로 '왜', 다시 말해 '살아가는 의미'였다고 나는 해석한다. 마찬가지로 이번에 소개한 강의에서 스승님이 말한 잊을 수 없는 대목이 있다. '사람은 꿈을 잃어도 살아갈 수 있다. 하지만 의미를 잃은 사람은 죽음이라는 최악의 선택을 하기도 한다'라는 말이다. 평화로운 세상에 태어난 우리에게 죽음이 피부에 와닿지는 않는다. 하지만 어떤 시대든 삶에서 가장 많은 시간을 차지하는 '일'이라는 행위에 의미를 부여하지 못한다면, 극단적으로 말해 그 시간을 죽은 상태로 보내는 것과 다름없다. 그런 아까운 짓을 지금 당장 그만두기 위해서. 한정된 시간을 훨씬 더 소중하게 만들기 위해서. 지금을 훨씬 더 의미 있는 시간으로 만들기 위해서. 당신의 인생이 지금, 이 순간부터 빛나기 시작하게 만드는 열쇠, 그건 바로 '왜', 이유다. 이 물음의 답은 당신 안에서만 찾을 수 있다. 17년 전, 스승님에게서 받은 말씀을 빌려 이번에는 내가 당신에게 묻고 싶다.

당신은 왜 일하는가?

잘 풀리는
사람은

어떻게
일하는가

가까스로 이 주제를 써냈습니다

지금까지 읽어줘서, 아니 이 '자네는 왜 일하는가?' 강의를 함께 수강해 주어서 진심으로 감사하다는 인사를 전하고 싶다. 집필을 마친 지금의 솔직한 심정은 '가까스로 이 가르침을 글로 옮겼구나' 하는 마음이다.

이 책의 내용은 지금껏 쓴 책 중에서 제일 표현하기가 어려운 책이었다. 솔직히 몇 년 전의 나였다면 시도하지도 않았고, 정신적으로도 힘들어서 써내지 못했을 것이다. 그 정도로 깊고 섬세한 주제였다. 물론 지금도 자격이 있는지 여전히 의문이 들지만, 이번 집필 의뢰를 받으며 '때가 무르익었구나' 하고 생각하며 써 내려갔다.

책의 막바지에 이르러 이 가르침의 주인인 스승님에 대해 소개하려고 한다. 지난번 책《만약 내일 죽는다면, 당신은 누구와 하루를 보낼 건가요(君は誰と生きるか)》를 읽은 독자라면 알겠지만, 이 책에 등장하는 스승님은 일본의 납세왕이라고 불리는 사이토 히토리齋藤一人이다. 스승님도 자기계발서 분야의 베스트셀러 작가이기에 이미 책을 읽어봤거나 서점에서 이름을 본 사람도 있으리라 생각한다. 원래는 책 앞부분에서 자세히 소개해야 하는데 가르침 그 자체를 첫 번째로 전하고 싶은 마음에 맨 마지막으로 미루었다.

이 강의에 산재한 수많은 가르침은 단순하지만, 내용은 무척이나 깊이가 있다. 한 번 읽어서는 당시 나처럼 이해하지 못하는 부분이나 잘 와닿지 않는 부분도 있으리라 생각한다. 앞으로 당신이 일하는 의미를 잃을 것 같은 때나 꿈을 찾지 못해서 마음이 꺾일 것만 같을 때 다시 이 책을 펼쳐보기를 바란다. 그때 '어라, 이런 내용이었어?' 하고 느끼는 부분을 만나거나 '앗, 이 말의 의미가 이런 것이었구나' 하고 다시금 사이토 스승님의 의도를 더욱 깊이 있게 이해할 수 있을 거로 확신한다.

"뭘 하고 싶은지 모르겠다고? 잘됐군!"

이 말을 처음 들었을 때, 어쩌면 세상에서 일반적으로 일컫는 '꿈을 가져라'라는 이론에 반기를 들고 거스르라는 말로 받아들였을 수도 있다. 그러나 전혀 그렇지 않다. 이걸 밝히는 것은 이 말이야말로 사실은 많은 사람이 알아차리지 못한 최고의 성공 법칙이라고 확신하기 때문이다.

강의를 들은 후 17년 동안 나는 대기업 수뇌부나 유명한 사업가, 베스트셀러 작가, 강연가 등 업계에서 성공한 사람을 많이 만났다. 이러한 사람들을 처음 만나면 던지는 질문이 있다. 바로 "지금 당신이 손에 들고 있는 결과나 사회적 지위는 처음부터 생각하고 마음에 그린 것인가요?"라는 질문이다. 곧바로 '그렇다'라고 대답하는 사람도 드물게나마 있다. 그러나 대부분 '아니다, 전혀 생각하지 못했다. 눈앞의 일을 하나씩 하다가 정신 차리고 보니 여기에 와있었다'라든지 '사람들의 권유로 별생각 없이 이 길로 들어섰는데 우연히 잘됐다'라고 대답하는 사람이 압도적으로 많다. 인생을 살아가는 방식 안에 큰 진리와 성공의 규칙이 숨어있다는 말이었다. 그리고 들을 때마다 다시 확인한다. 스승님이 진정으로 전하고 싶었던 말은 '꿈에 너무 얽매여 자신의 가능성을 좁히지 마라'라는 의미였다는 것을.

누구를 만나는지에 따라 인생은 크게 달라진다. 물론 모든 만남이 다 좋은 것만은 아니다. 자칫하면 한 번의 만남으로 인생이 마이너스 방향으로 치닫기도 한다. 그러나 좋은 방향으로 이끌어주는 사람을 만난다면 상상하지 못했던 멋진 미래도 실현 가능해진다. 예전의 나처럼 말이다. 그렇게 보면 인생이란 외길이 아니라 사다리 타기처럼 여러 사람의 교차점으로 이뤄진 것처럼 보인다. 그중에서 스승이나 동경하는 선배는 인생을 결정짓는 매우 큰 존재임을 이제는 알 거라 믿는다. 이러한 사람들과 인연의 연쇄 작용으로 생겨난 이번 기획에서 스승님의 예전 강의 음성을 다시 꺼내 들으며 집필 기간 내내 행복했다. 지금부터 이 책을 한 손에 들고, 당신이 방관자가 아니라 모험가가 되어 새로운 길을 걸어 나간다면 저자로서 매우 기쁠 것이다.

스승님에게서 '책으로 살아가는' 새로운 길의 힌트를 얻어 작가의 길을 걷기 시작한 지 13년이 흘렀다. 출판의 세계에서도 나는 많은 사람을 만나며, 그들의 도움으로 서른세 번째 책을 쓸 수 있었다. 지면을 빌려 이 책이 나오도록 도움을 준 이들에게 감사의 인사를 전하고 싶다.

우선은 상상을 뛰어넘는 세계로 데려와 준 사이토 히토리 스승님과 스승님의 옆에서 따뜻하게 지켜봐 준 시바무라 에미코 사장님. 기획을 제안하고 세상에 내어놓을 수 있게 해준 포레스트출판의 오타 히로시 사장님, 마지막까지 성심성의껏 함께 해준 모리우에 고타 편집장님, 발로 뛰어 책을 많은 곳에 소개한 영업부 직원들. 집필을 곁에서 응원해 준 아내 나가마쓰 도시미, 나가마쓰 시게히사 출판팀의 이케다 미치코와 야마노 쇼타. 그리고 ㈜인재육성재팬 원원출판부의 도라, 사쿠라, 히나, 모모코, 마루 님.

마지막으로 이 책을 집어 든 당신에게 가장 큰 감사의 마음을 전한다. 그리고 이 강의는 지난번 책 《만약 내일 죽는다면, 당신은 누구와 하루를 보낼 건가요?》의 후속편이다. 나는 줄여서 '당신 누구 강의(당신은 누구와 하루를 보낼 건가요?)', '당신 왜 강의(당신은 왜 일하는가)'라고 부르는데, 이 두 강의는 제목도 그렇고 내용 면에서도 형제라고 할 수 있다. 전작도 함께 읽어보면 이 책의 내용이 더욱 깊이 와닿을 것이며, 당신의 미래가 더욱 빛나게 될 것이라고 약속한다.

'당신은 누구와 살 텐가' 그리고 '당신은 왜 일하는가'

언젠가 실제로 만난다면 이 두 질문에 당신 나름대로 도출한 답을 들을 수 있기를 기대한다. 또한 지금부터 펼쳐질 당신의 인생이 더욱 풍요로워지기를 바란다.

낙엽 지는 가루이자와에서 미래를 두려워하지 않고 천진난만하게 지금을 즐기며 신나게 뛰어다니는 개들을 바라보며. 감사의 마음을 전한다.

2023년 11월 어느 좋은 날

나가마쓰 시게히사

뚜렷하게 미래를 향한 목표를 가지고
설렌 마음으로 나아 갈 수만 있다면
그것만큼 즐거운 시간은 없다.
그러나 지금 그렇게 살고 있지 않더라도
눈앞에 있는 일에 의미를 발견하고,
작은 성공과 자신감을 쌓아 올린다면
반드시 당신 앞에 길이 열릴 것이다.

꿈을 갖든, 점점 길이 열리는 쪽을 택하든

어느 쪽이든 상관없다. 선택은 당신의 몫이다.

어느 쪽이든 의미를 두고

한발 한발 전진하다 보면

어느새 목표와 목적이 당신 안에서

서로 이어지고 연결되는 날이 반드시 온다.

본문에 다 싣지 못한
'일문일답'을 담았습니다.

부록

회사의 모순을
관용적인 태도로 대하라

이 질문은 회사에 들어간 지 얼마 되지 않은 신입사원이
보낸 질문이다.

> 사회로 나오니 상사가 하는 말이나 행동에 여러
> 모순을 느껴 고민입니다.

"네, 이것도 사회로 나온 지 얼마 되지 않았을 때는 자주 느

끼는 고민이죠. 결론부터 말할까요? 이 모순을 인정하기를 바랍니다. 상사의 말이나 행동에 찬성하지 않아도 됩니다. 하지만 '아, 이게 사회구나' 하고 이해하도록 하세요. 당신 자기 자신을 위해서요."

'모순을 인정한다' 그게 무슨 말일까?

"상사도 인간입니다. 그리고 아마 사회로 나와 일하는 많은 사람도 저마다 모순으로 고민하며 살아가고 있지요. 또한, 필시 그 사람 중에서 자기 내면의 모순이 없는 사람은 한 명도 없을 겁니다."

"스승님, 자기 내면의 모순이란 게 뭔가요?"

"으음, 예를 들어 '상사가 하는 말에 상처받았는데, 알고 보니 자기 자신도 부하에게 상사와 비슷하게 말하고 있었다' 든지."

"아, 그런 거라면 저도 있어요."

"자기는 회사에서는 하고 싶은 말을 다 할 수 없어서 욕구불만을 느끼면서, 부하가 자신을 향해 부정적인 이야기를 하면 외면하고 싶어진다든지 말일세."

"왠지 제 이야기를 하는 듯해서 뜨끔하네요. 분명 그것도 모순이겠죠."

"그렇다네. 그러니 모순이 있음을 인정하는 걸세. 그리고 모순을 바로잡으려는 데만 마음을 쓰지 않는 것이 현명하지. 그보다도 어떻게 하면 고객이 기뻐할지, 어떻게 하면 좋은 상품을 만들어낼지, 더 세세하게 말하자면 어떻게 일할지에 대해 진지하게 생각하는 편이 낫다네."

"상대방을 바꾸려고 하지 말라는 말씀인가요?"

"맞아. 그 사람은 절대 변하지 않아. 그도 그럴 것이 오랜 세월 그런 식으로 살아왔고, 그런 사람일수록 '나는 좋은 사람이야' 하고 스스로 높게 평가하니 말일세. 그런 사람에게 시간을 쏟는 것 자체가 불필요한 일이지. 일이란 자기 자신, 즉 '내가 어떻게 일하는가'가 가장 중요한 법이야."

"무슨 말씀인지 알 것 같습니다."

"일이란 큰 틀 속에서 바꿀 수 있는 건 오로지 자기 자신일세. 그리고 자기 자신이 변하면 주변도 변하고, 보이는 것들도 달라지지. 겉치레나 허울 좋은 말 속에 모순으로 가득 찬 회색으로 성립된 영역도 있는 법이야. 중요한 것은 자기 내면에 되도록 자신에 대한 모순을 줄여나가도록 힘쓰는 일일세."

성공의 포인트는
에너지를 집중시키는 것

66 ─────────────────────────

일에서 성공하기 위한 환경을 만드는 비결을
구체적으로 알려주세요.

───────────────────────── **99**

"1번이라고 말하기엔 어렵지만, 구태여 꼽자면 '괜한 일은
철저히 없앤다'가 아니려나?"

"구체적으로는 어떤 건가요? 하기로 마음먹은 한 가지 일에
집중한다는 의미인가요?"

"그렇다고도 할 수 있지. 하지만 조금 더 구체적으로도 설

명할 수 있다네. 그건 집과 직장의 거리를 가능한 한 가깝게 하는 것이지."

구체적이기는 하지만 무척 의외인 말이었다.

"누구나 느끼겠지만, 일은 당연히 자신의 에너지를 전력으로 쏟아내지 않으면 잘되기가 어렵다네."

"네, 그렇죠. 모두 알고 있으리라 생각합니다."

"그중에서 출퇴근 시간은 의외로 에너지를 빼앗는다네. 그 거리가 멀어지면 멀어질수록 왔다 갔다 하는 데 시간이 걸리지. 출퇴근에 시간을 쓸 여유가 있다면 해야 하는 다른 일에 좀 더 에너지를 집중시키는 편이 나아."

"혹시 옛날에 장사하던 사람들이 가게 위에서 살던 이유가 바로…?"

"그렇다네. 에너지를 효율적으로 쓸 수 있다는 점을 깨닫고 그렇게 한 것인지는 모르겠지만, 집과 가게가 일체 된 경우가 많았지. 효율성을 생각했기 때문이 아니겠나?"

"다만 시대가 흐르고 변하는 동시에 생활 방식도 크게 변했죠. 일터와 집을 분리하는 사람이 늘어난 것도 변화의 하나가 아닌가요?"

"맞아, 그렇지. 시대와 함께 장사꾼의 스타일도 꽤 형태가 변했지. '가정과 일은 별개'라는 사람도 늘어났어. 하지만 일을 성공으로 이끌고자 할 때 방대한 에너지가 든다는 사실은 예나 지금이나 변하지 않았다네. 각오가 필요하지. 솔직히 아직 자기 자신이 일에서 자리 잡지 못할 때부터 가족과의 시간을 중시하며 요령 있게 성공하겠다는 말처럼 뻔뻔한 소리도 없어."

"자기 사업을 시작하는 사람이라면 더 말할 나위 없죠."

"그래. 특히 창업해서 자기 사업을 시작하려는 사람은 특히 집과 가게를 가깝게 두는 규칙을 지켜야 한다네. 스스로 결정한 경영이라는 인생길에는 수많은 경쟁자가 있는 법이니. 고객에게서 선택받지 못하면 먹고 살기는커녕, 갖고 있던 돈마저 까먹게 되는 냉혹한 세계야. 그것이 싫다면 창업 같은 건 하지 않는 편이 안전하지. 장사꾼이라고 우습게 보다간 큰코다친다네."

결과적으로 자기 자신을
가장 많이 갈고 닦아주는 것

> 다른 사람에게 도움이 되는 사람이 되기 위해
> 자기 계발해서 더욱 자신을 향상시키고 싶다고
> 늘 생각합니다. 제일 좋은 방법을 알려주십시오.

"눈앞에 있는 일에 사명감을 가지고 일하는 것일세. 그보다
큰 성장은 없지."

질문을 읽자마자 스승님은 곧바로 답했다.

"자기 계발이라는 말이 요즘 유행이지?"

"네."

"다른 무엇을 갖다 대보아도 일이야말로 최고의 자기 계발일세. 어떻게 하면 지금보다 일을 발전시킬지, 어떻게 하면 고객을 더욱 기쁘게 할지, 그걸 고민해서 한 단계 위를 향해서 나아가는 것이지. 실현해 냈을 때 인간은 반드시 성장하는 법이야. 요점은 일단 끝까지 해내는 걸세."

"끝까지 해낸다니요?"

"자기가 할 수 있는 최고, 최선을 다하는 것이지. 예를 들어 팔굽혀펴기를 10번 할 수 있는 사람이 8번, 9번 해서는 근력을 기를 수 없겠지?"

"그렇죠."

"일단은 10번을 제대로 하고, 그러고 나서 11번을 목표로 하는 사람이 성장하는 걸세. 지금까지 역사를 돌이켜보아도, 나는 일이란 것이 인류 최고의 지혜가 아닌가 싶다네."

'인류 최고의 지혜'라. 거창한 표현이다. 일은 너무나 당연해서 나는 눈곱만큼도 그렇게 대단하게 여겨본 적이 없었다.

"내가 열심히 일하면 고객이 기뻐한다. 고객이 기뻐하면 이익이 늘고 회사가 성장한다. 그리고 세금을 많이 내게 되어 사회가 풍요로워진다. 그런 사람이 또 발탁되는 법이니 결국 자신의 소득이 늘어난다. 가족이 기뻐한다. 세상에서 이렇게나 사람이 기뻐하는 구조는 이밖에 없다네."

"그러니까, 예를 들면 봉사 활동 같은 것도 향상이라고 할
수 있지 않습니까?"

"물론 봉사 활동은 멋진 일이지. 하지만 봉사 활동을 계속
하려면 돈이 든다네. 돈도 없이 봉사 활동을 하려 해도 계속
할 수가 없지. 행복의 연쇄 작용, 가장 지속 가능하면서 나
선이 커져 나가는 것, 그리고 무엇보다 자신을 향상시켜주
는 것, 바로 일이지. 그러니 다른 사람에게 도움이 되고 싶
다면 어쨌든 지금 이상으로 일부터 열심히 해야 한다네."

무엇을 위해서 책을 읽는가

"업무 능력을 높이기 위해서는 배움도 필요하다고 생각합니다."

말하고 보니 나의 일문일답이 되고 말았다.

"그렇지. 그럴 때는 책을 읽으면 된다네. 다만 어디까지나 일에 직결되는 책이어야 해. 일과 관계가 있다면서 골프책이나 TV만 열심히 보거나, 쓸 수 있을지 없을지 모르는 영어 회화를 공부하는 것도 좋지만 그 전에 우선은 자기가 지금 하는 업무 능력을 직접 높여주는 배움에 시간을 쏟는 편이 좋아."

"확실히 그게 효율적이죠. 그럼, 비즈니스서 종류를 읽는 게 좋을까요?"

"그렇지. 하지만 진정으로 자기 자신을 성장시키고 싶다면, 비즈니스서를 읽을 때도 순서가 있는 법이라네."

책을 효율적으로 활용하는 방법. 이것이 내가 스승님께 배운 것 중에서 가장 큰 깨달음을 준 것이었다.

"순서요?"

"그래. 왜 책을 읽는지 그 이유에 따라서 읽는 순서가 달라지지. 성공하는 사람은 단지 지식을 늘리기 위해 책을 읽지 않는다네. 일뿐만 아니라 독서도 효율적으로 해내지."

"어떻게요?"

"목적도 없이 그저 읽어나가는 것이 아니라, 문제 해결과 자신의 행동을 확인하기 위해 읽는다네."

"'문제 해결과 행동 확인'이라….'"

"그렇다네. 무수히 많은 책이 있지 않은가? 대체로 비즈니스서 서가에 꽂혀있는 책은 하나같이 착실한 내용이지. 그래도 말일세, 이런 책을 아무리 죄다 긁어모아 읽었다 하더라도 실제로 도움을 받기란 어렵다네. 그걸 일본 속담으로 '다다미 위에서 수영'이라고 한다네. 들어본 적이 있는가?"

"다다미 위에서 아무리 수영 연습을 해도 헤엄칠 수는 없다. 그보다 일단 물에 들어가서 물에 친숙해져야 한다. 다시 말해 실천의 중요성을 설명한 속담이죠?"

"바로 그것일세. 100점짜리 답이군. 일단 최선을 다해 일해 야지. 그러다 보면 자기 자신의 과제나 알고 싶은 질문이 보이기 시작한다네. 하나씩 해결해 나가기 위해 책을 고르는 걸세."

"문제 해결이라는 말씀인가요?"

"그렇다네. 그리고 또 하나는 자기 자신이 하는 일의 확인이지. 성공하는 사람은 비즈니스서에 나오는 내용을 읽으면서 '그래서 이때 실패했구나', '지금까지 해온 일들이 쓰여 있어서, 내가 해온 일들과 비교해 보니 다시금 자신감이 붙는군' 하고 느낀다네. 그건 이미 행동하고 있기 때문일세."

"그렇군요. 분명 성공하는 사람은 그렇게 말하는 것 같아요."

"그렇지? 제대로 일하면 자기 자신에게 무엇이 필요한지 뚜렷하게 알 수 있으니 책을 읽어도 효율이 오른다네. 일을 잘하는 사람은 배우기도 잘 배우지."

포인트를 추려서 그 부분을 강화하기. 분명 이렇게 하는 편이 효율이 높아진다. 스승님은 말을 이어 나갔다.

"그리고 정말로 가슴에 와닿는 책을 발견해서 진짜로 자기 것으로 만들고 싶다면 최소 일곱 번은 읽어야 한다네."

"일곱 번이나요? 반복의 힘인가요?"

"그것도 맞지만, 좋은 책이란 성장의 잣대가 되어주기 때문일세. 쓰인 내용은 변하지 않았는데 그때 자신의 상황이나 성장 단계에 따라서 눈에 쏙쏙 들어오는 부분이 달라지기 때문이지."

"그건 저도 잘 압니다. 좋아하는 책을 반복해서 읽을 때 '어라? 이런 내용이 있었나?' 할 때가 몇 번이나 있었거든요."

"그게 바로 성장이지. 알겠나? 좋은 책을 발견했다면 어찌 됐건 반복해서 읽으면 된다네. 중요한 건 많은 책을 읽기보다 책의 내용을 하나라도 더 몸에 익히는 것이니까."

"알겠습니다. 가슴에 새기겠습니다."

"되풀이하자면 일단은 제대로 일하는 것이 첫 번째. 그리고 문제 해결과 자신의 행동 확인을 위해 책을 읽는 습관을 들일 것. 그렇게 생각한다면 독서가 취미라기보다 일의 일환이라고도 말할 수 있을 걸세."

일하는 힘을 기르기 위한 필독서

"저… 스승님 생각에 '이 책만큼은 꼭 읽어라' 하는 추천 도서가 있나요? 만약 있다면 알려주십시오."

"좋은 질문일세. 일하는 사람이라면 모두 읽어야 하는 책이 있지. 이 책에 쓰인 능력을 몸에 익힌다면 일은 쑥쑥 늘 걸세. 바로 《데일 카네기 인간관계론》일세. 알고 있는가?"

《데일 카네기 인간관계론》은 흑백 사진의 아저씨 얼굴이 실린 두꺼운 책으로 서점에서 자주 보았지만 어려울 것 같아서 읽은 적은 없었다.

"이 책은 일하는 사람이라면 누구나 내면에 스며들 때까지 읽어야 한다고 생각하네. 마침 우리 회사 직원들에게 일곱

번 읽기를 숙제로 내주었는데, 자네도 같이 해보겠나?"

"네, 읽어보고 싶습니다."

"이 책에는 말일세, 인간의 자기 존중감이라는 근본적 감정에 대해 쓰여 있다네. 이 자기 존중감을 충족시켜 줄 수 있는 사람 곁에 사람이 모이고, 반드시 성공하게 마련이지."

"바로 읽어보겠습니다. 알려주셔서 감사합니다."

"책은 참 좋아. 자기 시간 나는 대로 몇 번이나 읽을 수 있고, 읽으면 읽을수록 이해가 깊어지지. 책은 단지 배움의 수단일 뿐만 아니라 사람과 사람을 이어주는 만남의 측면도 갖고 있지. 그 사실을 아는 사람은 많지 않네만."

"같은 책을 읽는 사람끼리의 만남 말씀인가요?"

"뭐, '꼭'이라고는 할 수 없지만 만나기 쉬워지지."

강의를 마치고 돌아가는 길에 있던 서점에서 《데일 카네기 인간관계론》을 사서 몇 번이고 읽었다. 솔직히 처음에는 잘 이해되지 않았지만, 읽으면서 자기 존중감이 얼마나 중요한 것인지 깨닫게 되었다. 그리고 이 '책을 통한 만남의 이야기'는 상상을 뛰어넘는 형태로 내 눈앞에 실현되고 있다.

스승님이 쓴 책을 제외하고 2005년부터 지금까지 제일 많이 읽은 책, 그건 바로 스승님이 추천해 준 《데일 카네기 인간관계론》이다. 얼마나 많이 읽었는지 양장본으로 된 책이 찢어질 정도다. 어느 신문사에서 취재를 나왔는데, '당신이 지금껏 제일 많이 읽은 책은 무엇입니까?' 하는 질문에 《데일 카네기 인간관계론》이야기를 했다. 그러자 그 기사를 읽은 출판사 편집자에게서 연락이 왔고, '보급판 인간관계론'의 띠지에 추천 글을 써달라는 요청을 받았다. 인생, 무슨일이 일어날지 모른다. 그러나 이 기적의 시작점이 되어준것은 스승님의 말씀이었다.

언젠가 나의 책을 통해 사람들에게 새로운 만남을 열어줄수 있으면 좋겠다, 하고 바라며 나는 책을 쓰고 있다.

역자 신희원

일본 요코하마국립대학 경제학부 경제시스템학과를 졸업했다. 기업 간의 의사소통을 돕는 통·번역사로 일하다가 더 많은 사람과 만날 수 있는 글 번역의 매력에 빠져 출판 번역가의 길로 접어들었다. 번역은 단순히 외국어를 우리말로 옮기는 행위를 넘어, 우리 사회의 지식과 문화의 저변을 넓히는 일이라고 믿고 있다. 현재 바른번역에 소속되어 번역 작업에 집중하고 있다. 《미시경제학 한입에 털어넣기》, 《초예측, 부의 미래》, 《애프터 버블》, 《데스 바이 아마존》, 《기업의 미래 GE에서 찾다》, 《일본 기업은 AI를 어떻게 활용하는가》, 《기술 전쟁에서 이기는 법》, 《정량×정성 분석 바이블》등 다수의 책을 옮겼다.

잘 풀리는 사람은 어떻게 일하는가
君はなぜ働くのか

초판 1쇄 발행	2025년 2월 10일
지은이	나가마쓰 시게히사
옮긴이	신희원
펴낸이	송서림
책임편집	김민희
디자인	이소현
마케팅	차민정
펴낸 곳	시그니스
주소	서울 영등포구 당산로 41길 당산 SK V1 W동 1504호
홈페이지	https://signisbook.com/

ISBN 979-11-94347-06-4 03190